Fisch

So schmeckt's noch besser...

Fisch

Ein besonderes Bildkochbuch mit reizvollen Rezepten

GU

Gräfe und Unzer

Inhalt

Ein Wort zuvor 5

Praktisches für die Fischküche 6
Fisch muß frisch sein 6
Die zeitgemäße Zubereitung 7
Die richtigen Zutaten 7

Fischfond – Fischsuppe 8
Fischfond 9
Klare Fischsuppe mit Gemüse 10
Räucherfisch-Graupen-Suppe 12
Kartoffel-Muschel-Suppe 12
Mittelmeer-Fischsuppe 14

Gekocht und gedämpft 16
Lachsforelle blau 16
Forellenklößchen auf Blattspinat 19
Hechtklößchen 19
Gefüllter Hecht 20
Seezungenfilets mit Sherry 23
Edelfische in Sahnesauce 24
Steinbutt mit Crème fraîche 24
Gedämpfte Schollenfilets in Gelee 26

Frisch aus der Pfanne 28
Gebratene Felchen in Mandelbutter 28
Lachskotelett mit Champignons 28
Schwertfisch nach sizilianischer Art 30
Goldbarschfilet mit Zitronen und Kapern 30
Seezunge nach Müllerin-Art 32
Gebratener Lachs mit Kräutern 34
Scholle nach Finkenwerder Art 34
Seelachsrouladen mit Porree 36
Lengfischrouladen mit Garnelenfüllung 36
Kabeljaufilet mit Spargel und Sauerampfersauce 38
Fischfilet mit Currysauce 38
Gebackene Dorade 40
Karpfen nach Elsässer Art 42

Aus dem Backofen 44
Burgunderkarpfen aus dem Ofen 44
Fenchelmakrele 44
Flußfische provençale 46
Flußfische im Gemüsebett 46
Bretonische Doraden 48
Florentiner Fischfilet 50
Tomatenfisch 50
Zander im Teigmantel 52
Seewolf mit Garnelenfüllung 53
Gefüllte Rotbarbe mit Garnelen 56
Rotbarbe mit Artischocken 56
Gefüllte Sardinen 58
Sarde a Beccafico 58
Meeräsche mit Lauch und Garnelen 60
Seewolf aus dem Backofen 60
Forellen-Kräuter-Terrine 62

Fisch und Gemüse 64
Zanderfilet auf Zucchinigemüse 64
Heilbutt auf Dillgurken 64
Steinbutt mit jungem Gemüse 66
Gratinierte Jakobsmuscheln 68

Fisch vom Grill 70
Gegrillte Sardinen 70
Aal in Weinblättern 72
Gegrillte Makrele 72
Thunfisch mit Zitronensauce 74
Thunfischspieße 74

In Folie gegart 76
Schellfisch in der Bratfolie 76

Gedünstet und geschmort 78
Heilbutt mit Safranrisotto 78
Heilbutt in Pilzrisotto 78
Grüner Aal »Brabant« 80
Scholle in Rotwein 82

Feines mit Räucherfisch 84
Räucherfischpfanne 84
Forellen mit Artischocken und Gorgonzola 84

Fritierter Fisch 86
Kabeljau, in Teig ausgebacken 86
Fritierte Kalmare 86

Aus einem Topf 88
Seemanns-Eintopf 88
Meeresfrüchte-Eintopf 88

Marinierter Fisch 90
Marinierte Sardinen 90
Doraden in Fenchelmarinade 90
Makrele in Weinmarinade 92
Hering in Kräutermarinade 92

Rezept- und Sachregister 94

Ein Wort zuvor

Fisch wird immer beliebter – und dieses Bildkochbuch köstlicher Gerichte will möglichst viele Wünsche nach reizvollen Rezept-Ideen erfüllen. Denn längst sind die Zeiten vorbei, da man nur wenige Fische schätzte und sich die Garmethoden auf »gesotten« und »gebraten« beschränkten.
Fisch ist auch von großem gesundheitlichen Wert, denn das Fischfleisch liefert uns hochwertiges Eiweiß und Mineralstoffe, vor allem Jod. Wie das Angebot heute durch zahlreiche »neue« Fischarten immer reicher wird, so hat auch die moderne Fischküche eine phantasievolle Palette an hervorragend schmeckenden Zubereitungen und Kombinationen zu bieten.
Verlockende neue und altbekannte klassische Rezepte sind in diesem Bildkochbuch versammelt, alle sorgfältig getestet und problemlos nachvollziehbar. Schwierigere Arbeitsvorgänge werden in Schritt-für-Schritt-Bildern dargestellt. Küchengeheimnisse und Tips, auf die es bei der Fischzubereitung ankommt, tragen zum perfekten Gelingen bei. Zahlreiche brillant gedruckte Farbfotos werden Ihren Appetit und Ihre Neugierde sicher immer aufs neue wecken.
Süßwasserfische, zumindest die edlen Arten, waren zu allen Zeiten begehrt, und die große Kochkunst ist reich an hervorragenden Kreationen. Es gibt traditionsreiche Rezepte für Hecht, Forelle, Saibling, Renke, Zander oder Karpfen, denn Süßwasserfische waren im Binnenland auch früher schon immer frisch zu haben, wenngleich nur zur Fangsaison.
Beim Seefisch war das ehedem nicht so einfach. Seine Beliebtheit beschränkte sich auf die Küstenländer, denn weite Wege zum Verbraucher unter ungenügenden Kühlbedingungen schadeten der Qualität erheblich, ausgenommen geräucherter, gesalzener oder sonstwie konservierter Fisch.
Heute sollte der Begriff »Fischgeruch« der Vergangenheit angehören, denn moderne Kühltechnik und schnelle Transportmöglichkeiten haben den Frischfisch in allen Regionen populär gemacht.
So ist die gewachsene Beliebtheit von Fisch zwei Seiten zu verdanken. Einmal hat die Tiefkühlindustrie einen nicht unerheblichen Anteil daran, denn tiefgefrorener Fisch ist im Grunde »frischer Fisch«, der sofort nach dem Fang oder nach dem Anlanden verarbeitet wird. Wesentlicher noch war das Interesse der Feinschmecker sowie der neuen Generation von Köchen, für die Fisch ein Produkt mit besten geschmacklichen Eigenschaften und überaus großen Möglichkeiten der Auswahl und Zubereitung war und ist.
Die zeitgemäße Fischküche ist also einfallsreicher geworden. Um dies deutlich zu machen, wurden auch die Kapitel dieses neuen Bildkochbuches nach Garmethoden geordnet. So sind Rezepte für gedämpften, geschmorten, fritierten oder gegrillten Fisch zu finden ebenso wie Fisch aus der Pfanne, aus dem Ofen oder in Folie zubereitet, dazu Fischsuppen und marinierte Fischdelikatessen. Meeresfrüchte wie Garnelen, Muscheln und anderes ergänzen altbekannte und »neue« See- und Süßwasserfische.
Und falls Sie einmal eine bestimmte Fischart bei Ihrem Händler vergeblich suchen, ist bei vielen Rezepten angegeben, welcher andere Fisch, ebenso zubereitet, auch ausgezeichnet schmeckt. Im Register sind übrigens alle im Buch vorkommenden Fischarten aufgeführt, so daß Sie für Ihren Fisch stets das geeignete Rezept ausfindig machen können.
Was es sonst noch bei der Zubereitung feiner Fischgerichte zu beachten gilt, können Sie auf den folgenden Seiten nachlesen.
Ich hoffe nun, daß mit meinen Rezept-Ideen alle Fischliebhaber und solche, die es werden wollen, zu dem Ergebnis kommen: »So schmeckt's noch besser« und ich wünsche dazu guten Appetit!

Ihr
Christian Teubner

Praktisches für die Fischküche

Fisch ist ein wertvolles Naturprodukt. Er liefert hochwertiges Eiweiß und reichlich Mineralstoffe (Jod und Phosphor). Verschiedene Fischarten sind auch reich an B-Vitaminen (zum Beispiel Plattfische, Aal, Hering, Seelachs, Sardine, Lachs, Zander und Muscheln). Darüber hinaus ist Fischfleisch auf Grund seines lockeren Gewebes leicht verdaulich. Die meisten Fischarten sind auch fettarm, alles in allem gerade recht für eine Diät- oder Schlankheitskost. Zu den mageren Sorten zählen vor allem die preiswerten Konsumfische wie Kabeljau, Schellfisch, aber auch die wertvolleren wie Scholle und Seezunge. Als ausgesprochene Fettfische gelten Makrele, Hering, Lachs, Karpfen und Aal.

Beim Einkauf von Fisch sollten Sie sich in erster Linie am Angebot orientieren. Vor allem Seefische, Schal- und Krustentiere haben bestimmte Fanggründe und -zeiten. Wenn eine Sorte in großer Menge auf dem Markt ist, wirkt sich das auch auf den Preis aus. In diesem Kochbuch werden die meisten Fischsorten in Rezepten berücksichtigt und außerdem meist Alternativsorten angegeben, so daß Sie genügend Variationsmöglichkeiten haben. Das gleiche gilt auch für Gerichte, für die man mehrere Sorten braucht. Man kann fast immer eine Fischsorte gegen eine andere austauschen, die gerade in bester Qualität angeboten wird. So läßt sich ein Rezept mit Kabeljau zum Beispiel auch mit Schellfisch oder Goldbarsch zubereiten.

Sie sollten auch flexibel sein, wenn der gekaufte Fisch unerwartet nicht sofort zubereitet werden kann und 1–2 Tage im Kühlschrank lagern muß. In diesem Fall ist es sinnvoller, die Zubereitungsmethode entsprechend zu wählen, also den Fisch dann nicht pur zu pochieren und mit einer leichten Sauce zu servieren, sondern ihn besser mit Gemüsen, Kräutern und Gewürzen im Ofen zu garen.

Die Frage, ob wir Fisch heute noch ungefährdet genießen können oder ob die Schadstoffe (vor allem Quecksilber) der Gewässer zunehmend im Speisefisch auf unseren Teller kommen, taucht immer wieder auf. Fachleute versichern aber, daß hier keine Gefahr besteht. Es gibt zwar Fischarten, die stärker belastet sind (Süßwasserfische, Raubfische), andere weniger (Seefische, Friedfische). Im übrigen liegen die Fanggebiete der Seefische, die bei uns auf den Markt kommen, größtenteils in den weniger gefährdeten Nordmeeren, und sowohl See- wie Süßwasserfische unterliegen strengen staatlichen Kontrollen, bevor sie in den Handel kommen.

Fisch muß frisch sein

Fisch soll duften, nämlich nach der Frische des Meerwassers, und nicht riechen, schon gar nicht unangenehm. Süßwasserfische sollte man fangfrisch bekommen können. Gute Händler halten sie bis zum Verkauf lebend im Bassin. Auch am Aussehen des Fisches kann man erkennen, ob er frisch ist. Ganze Fische sollen rosafarbene Kiemen und festanliegende Kiemendeckel haben, die Augen müssen klar und hervorstehend sein; sie dürfen keinesfalls milchig und eingefallen wirken. Kauft man Fisch in Stücken oder Filets, dann sollte man darauf achten, daß das Fleisch fest und glasig aussieht und keine angetrockneten Ränder oder gar verfärbte Stellen hat.

Frische darf man heutzutage verlangen, beim preiswerten Konsumfisch ebenso wie beim teuren Edelfisch, denn die Versorgung ist so perfekt organisiert, daß zum Beispiel Seefische, auf Eis gebettet, von der Küste bis ins Binnenland nicht länger als maximal zwei Tage unterwegs sind.

Auch tiefgefrorener Fisch von Markenherstellern kann durchaus in der Fischküche seinen Platz haben, wenn man zum Beispiel Fischfilets zubereiten will. Wichtig ist, daß man Produkte mit dem Vermerk »seegefrostet« kauft, denn sie bieten Frischegarantie. Vorsicht ist allerdings geboten, wenn gefrorene, beim Händler aufgetaute Ware angeboten wird, die meist kaum noch Aroma hat. Tiefkühlfisch spart Zeit und Mühe. Für Feinschmecker ist er allerdings keine Alternative zu frischem Fisch.

Praktisches für die Fischküche

Die zeitgemäße Zubereitung

Wenn Sie frische Süßwasserfische kaufen oder kleinere, ganze Seefische, dann sollten diese immer so rasch wie möglich ausgenommen werden, denn die Verdauungsorgane enthalten meist Enzyme, die den Fisch schneller verderben lassen. Die meisten Schal- und Krustentiere werden ohnehin lebend gehandelt, es sei denn, man kauft sie bereits gekocht, was für verschiedene Zubereitungen angebracht sein kann. Lebende Krustentiere (Garnelen und so weiter) werden in kräftig sprudelnd kochendes Wasser geworfen und 5 Minuten mit einem Kochlöffelstiel unter die Oberfläche getaucht. Wie man Schaltiere (Muscheln) kocht, steht in den Rezepten auf Seite 12 und 88.
Die Vorbereitung von ganzen Fischen oder Fischfilets wird in meinen Rezepten jeweils genau beschrieben. Beim Garen muß man nicht unbedingt so weit gehen wie die avantgardistischen Vertreter der »neuen Küche«, die Fisch nur gerade so lange garen, daß das Fleisch noch mehr oder weniger roh an den Gräten hängt. Aber generell stimmt es schon: Fisch sollte, wenn er wirklich fein und nicht trocken, sondern saftig schmecken soll, so kurz wie möglich gegart werden. Es gehört ein wenig Fingerspitzengefühl dazu, denn oft sind schon halbe Minuten ausschlaggebend. Ebenso vorsichtig sollte man auch tiefgefrorenen Fisch garen, wenn er schön saftig auf den Tisch kommen soll.
Die zeitgemäße Fischzubereitung drückt sich aber auch darin aus, wie wir den Fisch vorbehandeln und würzen. In der Vergangenheit sind hier manchmal unverzeihliche Fehler gemacht worden. Dazu gehört die einstmals »eiserne« Fisch-Kochregel der »drei S«, nämlich säubern, säuern, salzen. Sie hatte ihre Berechtigung, als der Fisch noch ungeliebten Duft verströmte.
Frischer Fisch wird so kurz wie irgend möglich unter fließendem, kaltem Wasser gewaschen, denn das zarte Fleisch ist sehr empfindlich. Gesäuert wird, wenn überhaupt, ganz vorsichtig mit Zitronensaft oder, wenn man den parfümierten Geschmack wünscht, mit Limettensaft. Fisch verträgt sich zwar meist gut mit leichter Säure, aber er büßt dadurch auch viel von seinem Eigengeschmack ein. Deshalb ist in der Regel Säure als Gewürz nicht nötig. Ebenso ist es mit dem Salzen. Fisch sollte, wenn überhaupt, dann nur ganz vorsichtig gesalzen werden – frischer Seefisch hat oft genügend eigenen Salzgehalt – und vor allem erst kurz vor dem Garen. Salz entzieht dem Fischfleisch Feuchtigkeit, und es wird dann leicht trocken.

Die richtigen Zutaten

Feiner, frischer Fisch verlangt auch beste Zutaten. Man sollte also bei der Wahl von Gemüse, Butter, Öl und anderem kritisch sein, damit das Gericht wirklich köstlich gelingt. Auch der Wein sollte von bester Qualität sein, vor allem bei zart gewürzten Fischgerichten. Schon vor der Zubereitung eines Fischs muß man sich darüber klar werden, ob man den Fisch mit seinem köstlichen Aroma oder die Gewürze in den Vordergrund bringen will. In diesem Bildkochbuch sind Rezepte für beide Vorlieben zu finden, für »Puristen«, die den zarten Fischgeschmack möglichst rein erhalten möchten, und für die Freunde einer kräftigen Würze.
Beim Würzen kann man vor allem mit frischen Kräutern hervorragende Ergebnisse erzielen. Fisch nimmt aber auch weder Zwiebel- noch Knoblauchduft übel, wenn das Verhältnis stimmt. Die vielen Spezialitäten der Mittelmeerländer und der asiatischen Küche sind dafür treffende Beispiele. Ihrem persönlichen Geschmack bleibt es vorbehalten, wie Sie Ihren Fisch zubereiten. Delikat schmecken wird er in jedem Fall.
Wie es zum Garen von Fischgerichten ein qualitätvoller Wein sein sollte – am besten verträgt sich Fisch mit einem trockenen, durchaus säurereichen und spritzigen Weißwein –, so sollte entsprechend auch als Getränk zum Fischgericht ein solcher gereicht werden. Die »Abenteurer« unter den Gourmets probieren auch schon mal einen leichten Rotwein, aber dann darf für die Zubereitung natürlich kein Weißwein verwendet worden sein.

RIESLING

Fischfond

Fischfond, eine klare Fischbrühe, gilt in der feinen Küche geradezu als unentbehrlich. Er ist Basis für sehr viele Fischsaucen und natürlich für Suppen, besonders aber für pochierte feine Fischarten. Fischabfälle (Haut, Gräten und Kopf) fallen bei der Fischzubereitung ohnehin oft an, oder man besorgt sie sich beim Fischhändler. Grundsätzlich sollten Sie keine fetten Fischarten verwenden wie zum Beispiel Karpfen, Makrele oder Aal, denn Abfälle von diesen Fischen lassen die Brühe leicht tranig schmecken.

Zutaten für etwa 1 l Fischbrühe:
1 kg Fischreste von Fischen wie Seezunge, Steinbutt, Schellfisch, Kabeljau, Lengfisch
150 g Lauch/Porree (helle Blätter)
20 g Stangensellerie/Bleichsellerie
1 Lorbeerblatt
1 Zweig Thymian
60 g Schalotten
1 Knoblauchzehe
20 g weiße Pfefferkörner
3 Wacholderbeeren
1 Nelke
¼ l trockener Weißwein
5 cl trockener Wermut
1 l Wasser

Zum Klären:
125 g Rinderhesse (Beinfleisch) ohne Knochen
125 g Fischfilet
1 Stück Lauch/Porree
1 Stück Stangensellerie/Bleichsellerie
1 Möhre · 1 Tomate · 1 Zwiebel
1 Knoblauchzehe
1 Zweig Thymian
¼ Lorbeerblatt
3 Wacholderbeeren
4 Eiweiße · 6 Eiswürfel · Salz
frisch gemahlener Pfeffer

Vorbereitungszeit: 40 Minuten
Garzeit: 20 Minuten
Zeit zum Klären: etwa 1 Stunde

Bild 1: Die Fischreste etwa 30 Minuten wässern, damit der Fond frischer schmeckt. Den Lauch und den Stangensellerie putzen, waschen, mit dem Lorbeerblatt und dem Thymian zum »Bouquet garni« zusammenbinden. Die Schalotten schälen und kleinschneiden. Die Knoblauchzehe (ungeschält), die Gewürze, den Wein und den Wermut bereitstellen.

Bild 2: Zuerst die Fischstücke und das Bouquet garni in den Topf legen. Die kleingeschnittenen Schalotten, die Knoblauchzehe, die Pfefferkörner, die zerdrückten Wacholderbeeren, die Nelke, das Wasser, den Weißwein und den Wermut zufügen. Alles zum Sieden bringen. 20 Minuten ziehen lassen, dabei häufig abschäumen.

Bild 3: Den Fond durch ein mit einem Leinen- oder Mulltuch ausgelegtes Sieb (Spitzsieb) in einen Topf gießen. Mit der Schöpfkelle ganz leicht auf die Fondzutaten drücken.

Bild 4: Wenn der Fischfond noch geklärt werden soll, das Rindfleisch und das Fischfilet durch die grobe Scheibe des Fleischwolfs treiben. Das Gemüse putzen, den Lauch in Ringe, den Stangensellerie in Stücke schneiden. Die Möhre würfeln, die Tomate vierteln, die Zwiebel schälen und halbieren. Alles in einen Topf geben, dazu die ungeschälte Knoblauchzehe, den Thymianzweig, das Stück Lorbeerblatt, die Wacholderbeeren, die Eiweiße und die Eiswürfel.

Bild 5: Zuerst ¼ Liter kalten Fischfond zugießen, unter die gesamten Klärzutaten rühren und kräftig durchmischen. Dann den restlichen Fischfond nach und nach angießen und nochmals gut durchrühren. Den Topf auf die Kochstelle setzen und die Mischung unter ständigem Rühren erhitzen.

Bild 6: Ein Sieb mit einem Mulltuch auslegen. Den Fond mit allen Zutaten hineingießen, ablaufen lassen, aber nicht nachdrükken, damit die Fischconsommé kristallklar bleibt. Nach Bedarf mit Salz und Pfeffer abschmecken. Sofort verbrauchen oder abgekühlt einfrieren.

Klare Fischsuppe mit Gemüse

Je feiner der Fisch, desto besser sollte die Brühe sein. Konzentriert wird sie von Fachleuten »Fumet« oder »Fond«, genannt. Es müssen nicht unbedingt Meeräsche oder Steinbutt sein, denn eine feine Brühe läßt sich auch aus anderen edlen und weniger edlen Fischen zubereiten, auch aus Süßwasserfischen.

Zutaten für 4 Portionen:
1 Meeräsche von 400–500 g
1 Babysteinbutt (oder Heilbutt) von etwa 500 g
200 g gekochte, geschälte Tiefseegarnelenschwänze
Für die Brühe:
100 g Lauch/Porree (helle Blätter)
100 g Karotten/Möhren
100 g Stangensellerie/Bleichsellerie
1 Teel. Salz
½ Teel. Pfefferkörner
1 Bund glatte Petersilie
¼ l trockener Weißwein
Außerdem:
200 g Blumenkohl
100 g Karotten/Möhren
100 g Stangensellerie/Bleichsellerie
150 g frische oder 100 g tiefgefrorene Erbsen
20 g Butter
1 Eßl. sehr fein gehackte Zwiebel
1 Eßl. gehackte Petersilie
einige gehackte Estragonblättchen
Salz und frisch gemahlener Pfeffer zum Nachwürzen

Zubereitungszeit: 60–80 Minuten

Die beiden Fische ausnehmen und unter fließendem Wasser waschen. Die Meeräsche schuppen (mit der stumpfen Seite des Messers immer vom Schwanz zum Kopf), die Flossen mit einer Schere abschneiden, den Kopf und den Schwanz abtrennen und den Fischkörper in etwa 2 cm dicke Scheiben schneiden. Den Steinbutt filetieren (siehe Seite 23).
Alle Fischreste in einen entsprechend großen Topf geben und 10 Minuten wässern. Dann mit 1½ Liter frischem Wasser auf dem Herd erhitzen. Die Lauchstange putzen und längs halbieren; die Karotten putzen und in Stifte schneiden, desgleichen den Stangensellerie. Die Lauchstücke, die Karotten- und die Selleriestifte zusammen mit dem Salz, den Pfefferkörnern und der Petersilie zu den Fischresten geben. Einmal aufkochen und dann 10 Minuten ziehen lassen. Den Wein zugießen und die Brühe weitere 10 Minuten ziehen lassen. Die Fischbrühe vom Herd nehmen und durch ein feines Haarsieb gießen. In den Kochtopf zurückgeben und bei ganz schwacher Hitze köcheln lassen, bis die Flüssigkeit auf etwa 1 Liter reduziert ist.
Den Blumenkohl waschen und in kleine Röschen teilen. In Salzwasser in 8–10 Minuten halbweich kochen und abgießen. Die Karotten und den Stangensellerie putzen und in feine Stifte schneiden. Die frischen Erbsen aus den Schoten streifen. Die Butter in einem großen Topf schmelzen, die feingehackte Zwiebel darin anlaufen lassen und das vorbereitete Gemüse zugeben. 2–3 Minuten unter Rühren andünsten. Die Hälfte von der Fischbrühe angießen und die vorbereiteten Fischstücke einlegen. Die Tiefseegarnelenschwänze zufügen und alles bei schwacher Hitze 6–8 Minuten ziehen lassen. Die gehackten Kräuter darüberstreuen und die Suppe mit der restlichen Fischbrühe auffüllen. Eventuell mit Salz und Pfeffer nachwürzen.

Räucherfisch-Graupen-Suppe

Im Bild hinten

Zutaten für 4 Portionen:
100 g Graupen
60 g Zwiebeln
30 g Knollensellerie
60 g Lauch/Porree
2 Eßl. feines Pflanzenöl
1¼ l Fisch- oder Fleischbrühe
Salz
frisch gemahlener Pfeffer
2 Eßl. feingehackte Kräuter
(Petersilie,
Liebstöckel und Majoran)
250 g geräucherter Heilbutt
(oder Schillerlocken)

Einweichzeit für die Graupen: 6–8 Stunden oder über Nacht
Vorbereitungszeit: 30 Minuten (ohne Zubereitungszeit für die Fischbrühe)
Garzeit insgesamt: 65–100 Minuten

Die Graupen möglichst über Nacht, mindestens aber 6–8 Stunden, in kaltem Wasser einweichen und quellen lassen.
Die Graupen abseihen und abtropfen lassen. Die Zwiebeln schälen und sehr fein hacken. Das Selleriestück und den Lauch putzen und in kleine Stücke schneiden. Das Öl in einem entsprechend großen Topf erhitzen und die Zwiebeln darin anlaufen lassen. Die Sellerie- und die Lauchstücke zugeben. Mit der Fischbrühe (man kann dafür durchaus auch Fleischbrühe nehmen) aufgießen. Die eingeweichten Graupen zufügen und alles 60–90 Minuten kochen lassen.
Die feingehackten Kräuter und den in Stücke zerpflückten Räucherfisch (ohne Haut und Gräten) in die Suppe geben und noch 5–10 Minuten ziehen lassen.

Kartoffel-Muschel-Suppe

Im Bild vorne

Zutaten für 4 Portionen:
1 kg Miesmuscheln
1 Zwiebel (80 g)
100 g Karotten/Möhren
100 g Stangensellerie/
Bleichsellerie
1 Teel. Salz
¼ l trockener Weißwein
¼ l Wasser
250 g Kartoffeln
1 Eßl. Zwiebelwürfel
etwas Salz und
frisch gemahlener Pfeffer
80 g Brunnenkresse
100 g Crème fraîche

Vorbereitungszeit: 50 Minuten
Garzeit insgesamt: 45 Minuten

Die Miesmuscheln sehr sorgfältig abbürsten und die »Bärte« entfernen. Geöffnete Muscheln wegwerfen, sie sind ungenießbar. Die Zwiebel schälen und vierteln, die Karotten und den Stangensellerie putzen und in grobe Stücke schneiden. Die Zwiebelviertel, die Karotten- und die Selleriestücke in einen großen Topf geben. Die Miesmuscheln dazugeben, salzen, dann mit dem Wein und dem Wasser übergießen. Den Topf schließen und die Muscheln kochen, bis sie sich alle geöffnet haben (etwa 10 Minuten). Dann vom Herd nehmen und zugedeckt noch 15 Minuten ziehen lassen. Die Muscheln abseihen. Da in den Muschelschalen oftmals noch Sand enthalten ist, sollte man die Brühe noch durch ein Filterpapier gießen. Die Muscheln aus den Schalen nehmen und beiseite stellen.
Die Kartoffeln schälen und in kleine Würfel schneiden. Zusammen mit den Zwiebelwürfeln, etwas Salz und Pfeffer in einen Topf geben. Die Muschelbrühe mit Wasser auf 1¼ Liter auffüllen. Die Flüssigkeit über die Kartoffeln gießen und die Kartoffeln kochen lassen, bis sie weich sind und zerfallen.
Den Topf vom Herd nehmen, die Kartoffeln durch ein feines Sieb passieren und in den Topf zurückgeben. Die Muscheln einlegen. Die Brunnenkresse waschen, gut abtropfen lassen, zerpflücken und zugeben. Die Suppe noch 5–6 Minuten ziehen lassen. Zum Schluß die Crème fraîche unterziehen. Oder die Suppe in Teller verteilen und jeweils 1 Löffel Crème fraîche in die Mitte geben.

Mittelmeer-Fischsuppe

Für den reisenden Feinschmecker ist es nicht immer einfach, zwischen den diversen Fischsuppen zu unterscheiden. Alle an das Mittelmeer grenzenden Regionen (natürlich auch die Länder an anderen Meeresküsten) haben ihr eigenes Rezept. Die Zutaten werden meistens vom Angebot bestimmt. Aber auch die Zubereitung ist oft sehr unterschiedlich und ebenso die Art, wie die Suppe schließlich serviert wird.
Mittelmeer-Fischsuppen liegen in ihrer Konsistenz meist zwischen Suppe und Eintopf. Man ißt Knoblauchbrot oder auch eine Knoblauchmayonnaise dazu.
Es ist dabei nicht so wichtig, daß die Fische unbedingt aus dem Mittelmeer stammen. Wichtig ist nur, daß sie frisch und möglichst klein sind, damit sie einen ausreichenden Anteil an Köpfen und Gräten mitbringen und somit viel Geschmack in die Suppe kommt. Im übrigen werden Mittelmeerfische, speziell für Suppen, inzwischen auch bei uns in guten Fischgeschäften wöchentlich angeboten.

Zutaten für 4 Portionen:
1400 g Mittelmeerfische
Für die Brühe:
1 Stange Lauch/Porree
1 Karotte/Möhre
1 Stück Stangensellerie/ Bleichsellerie
1 Teel. Salz
½ Teel. Pfefferkörner
Außerdem:
1 Stange Lauch/Porree
1 Zwiebel
100 g Fenchelknolle
3 Eßl. Olivenöl
1 kleine Peperoni
1 Lorbeerblatt
1 Nelke
½ Teel. Salz
einige Safranfäden
abgeriebene Schale von ½ Orange (Schale unbehandelt)
2 küchenfertige Sepia (Tintenfische) oder Kalmare von je etwa 200 g
300 g Miesmuscheln
300 g Venus- oder Herzmuscheln
¼ l Weißwein

Vorbereitungszeit: 70 Minuten
Garzeit insgesamt: 25–30 Minuten

Die Fische, soweit notwendig, schuppen und ausnehmen (siehe Seite 20), dann sorgfältig waschen. Köpfe, Schwänze und Flossen abschneiden und die Fische in mundgerechte Stücke teilen. Zugedeckt im Kühlschrank frisch halten.
Die Fischabfälle etwa 15 Minuten wässern, dann in einen entsprechend großen Topf geben und mit Wasser bedecken. Die Lauchstange, die Karotte und den Stangensellerie putzen, grob zerschneiden und dazugeben. Das Salz und die Pfefferkörner einstreuen. Alles zusammen 20–30 Minuten leicht köcheln lassen. Die Brühe abseihen.
Die Lauchstange putzen und in Scheiben schneiden. Die Zwiebel schälen und würfeln. Die Fenchelknolle putzen und grob zerteilen. Das Olivenöl in einer großen Kasserolle erhitzen. Die Lauchscheiben, die Zwiebelwürfel und die Fenchelstücke in dem heißen Öl 4–5 Minuten unter ständigem Rühren dünsten. Die Peperoni entkernen, feinhacken und mit dem Lorbeerblatt, der Nelke, dem Salz und den Safranfäden sowie der abgeriebenen Orangenschale zum Gemüse geben. Einmal durchrühren und die Kasserolle vom Herd nehmen.
Die Sepia oder Kalmare gründlich waschen, die Haut entfernen und das Fleisch in Stücke schneiden. Die Muscheln vorbereiten (siehe Seite 12). Die Tintenfischstücke zum Gemüse geben und mit der Fischbrühe aufgießen. 4–5 Minuten kochen lassen, dann die Hitze herunterschalten, die Miesmuscheln sowie die Venus- oder Herzmuscheln zugeben und zugedeckt weitere 2–3 Minuten garen. Dann die Fischstücke darüberlegen und den Wein angießen. Sollte es zu wenig Flüssigkeit sein, dann so viel Wasser zufügen, daß die Fische bedeckt sind. Bei offenem Topf und sehr milder Hitze die Suppe 8–10 Minuten ziehen lassen. Dann den Deckel schließen und den Topf weitere 5–6 Minuten am Herdrand stehenlassen.

Lachsforelle blau

Die Bezeichnung »gekocht« ist eigentlich für das Garen eines Fisches im Sud unkorrekt, denn man läßt ihn bestenfalls gar ziehen und niemals richtig sprudelnd kochen. Je nach Fischsorte kann man verschiedene Flüssigkeiten zum Garziehen verwenden. Der einfachste Sud ist das Salzwasser. Will man jedoch den Geschmack des Fisches etwas steigern, dann sollte man eine gewürzte Flüssigkeit (von Fachleuten »Court-Bouillon« genannt) verwenden. Wenn es besonders fein schmekken soll, dann kann man (natürlich nur bei entsprechend wertvollen Fischen) auch einen Fischfond (Rezept Seite 9) nehmen.
Wenn man auf einen schön »blau« gekochten Fisch Wert legt, dann muß man beim Ausnehmen darauf achten, daß die den Fisch umgebende Schleimschicht nicht verletzt wird. Beim Waschen darf dann auch der Wasserstrahl nicht an die Außenhaut kommen.
Will man so große Fische wie eine Lachsforelle im ganzen gar ziehen lassen, dann braucht man dazu einen Fischkessel wie auf dem nebenstehenden Farbbild. Es ist eine Anschaffung, die sich unbedingt lohnt, wenn man öfters Fische im ganzen zubereiten will, weil sie darin wirklich unverletzt gegart werden können. Diese Fischkessel haben einen durchlöcherten Einsatz, auf dem der Fisch ruht und den man nach dem Garen bequem herausheben kann.

Zutaten für 4 Portionen:

1 küchenfertige Lachsforelle von 1200 g

Für den Fischsud:

1½ l Wasser
¼ l trockener Weißwein
150 g Stangensellerie/Bleichsellerie
70 g Karotten/Möhren
80 g Lauch/Porree
50 g Zwiebel
2 Teel. Salz
½ Teel. Pfefferkörner
2 Lorbeerblätter
1 Zweig Petersilie
1 Zweig Thymian

Vorbereitungszeit: 80 Minuten
Garzeit: etwa 25 Minuten je nach Größe

Zuerst den Fischsud vorbereiten. Das Wasser und den Wein in einen entsprechend großen Topf geben. Die Gemüse (Stangensellerie, Karotten und Lauch) putzen und in grobe Streifen schneiden, die Zwiebel schälen und vierteln. Alles Gemüse in die Flüssigkeit geben. Mit dem Salz, den Pfefferkörnern, den Lorbeerblättern, dem Petersilien- und dem Thymianzweig würzen. Diese »Court-Bouillon« etwa 30 Minuten ganz leicht köcheln lassen.
Die ausgenommene Lachsforelle gründlich auswaschen, auf den Kesseleinsatz legen und in den Kessel versenken. Dann den lauwarmen Fischsud (Court-Bouillon) durchseihen und über den Fisch gießen. Man kann aber auch Gemüse und Gewürze im Sud lassen. Den Kessel zudecken, auf den Herd stellen und die Flüssigkeit erhitzen, bis sich die Oberfläche leicht zu kräuseln beginnt; sie darf aber keinesfalls sprudelnd kochen. Dann die Hitze so weit reduzieren, daß die Temperatur unter dem Siedepunkt gehalten wird. Die Garzeit ist abhängig von der Größe beziehungsweise der Dicke des Fisches; man rechnet etwa 10 Minuten pro 3 cm Durchmesser. Das bedeutet für eine Lachsforelle von 7,5 cm Durchmesser eine Garzeit von 25 Minuten.
Die klassische Beilage zur Lachsforelle wären Petersilienkartoffeln und zartes Gemüse wie Erbsen, Karotten, Zucchini oder ähnliches.

Tip: Einfacher geht es mit kleineren Fischen, zum Beispiel Bach- oder Regenbogenforellen. Da ist ein Fischkessel nicht nötig, weil man sie entweder in ihrer ganzen Länge in einem normal großen Topf garen oder auch rund binden kann. Dafür wird ein kräftiger Baumwollfaden (Küchengarn) mit Hilfe einer kräftigen Nähnadel einmal durch die Kiemen gezogen und dann durch den Schwanz; die Enden werden verknotet, so daß sich der Fisch rund biegt.

¾
Liter
litre
½
¼

Forellenklößchen auf Blattspinat

Eine Fischfarce, wie die folgende, kann vielseitig verarbeitet werden, so zum Beispiel als Füllung für Fisch (wie beim Rezept »Gefüllter Hecht« auf der folgenden Seite). Man kann daraus aber auch Klößchen formen oder die Farce für eine Terrine verwenden.

Zutaten für 4 Portionen:
200 g frische Forellenfilets
(von 2 Forellen)
1 Ei · Salz
etwas frisch gemahlener Pfeffer
25 g weiche Butter
⅛ l kalte Sahne
Für den Spinat:
300 g frischer Spinat
30 g Butter · Salz
frisch gemahlener Pfeffer
etwas geriebene Muskatnuß
Für die Sauce:
½ l Fischfond (Rezept Seite 9)
⅛ l Weißwein
einige Safranfäden
50 g steife Schlagsahne
eventuell Salz und
frisch gemahlener Pfeffer

Vorbereitungszeit: 50 Minuten
Garzeit: etwa 10 Minuten

Bild 1: Die Forellenfilets in Stücke schneiden und zusammen mit dem Ei, ½ Teelöffel Salz und etwas Pfeffer in eine Schüssel geben. Zugedeckt gut durchkühlen.

Bild 2: Die gekühlten Zutaten in den Mixer geben, die weiche Butter in Flöckchen zusetzen und zum Schluß die kalte Sahne dazugießen. Möglichst kurz mixen, damit die Farce kalt bleibt. Sollte sie durch das Mischen etwas wärmer geworden sein, muß sie erst wieder gekühlt werden, bevor man die Klößchen formt.

Bild 3: Jeweils einen Eßlöffel gut gekühlter Farce in die hohle Hand geben und mit dem Löffel zum Handballen ziehen, so daß glatte, längliche Klöße entstehen. Die Klößchen auf einem mit Öl bestrichenen Teller sammeln.

Bild 4: In einer Kasserolle Salzwasser aufkochen. Die Klößchen mit einem Löffel hineintauchen und mit einem zweiten Löffel abstreifen. Etwa 10 Minuten gar ziehen lassen.

Bild 5: Den Spinat verlesen, waschen und die dicken Stiele abschneiden. Die Blätter in reichlich kochendem Wasser kurz zusammenfallen lassen, sofort wieder herausnehmen und in kaltem Wasser abschrecken. Den abgekühlten Spinat sehr gut ausdrükken, dann die Blätter wieder lokker auseinanderzupfen. In einer Kasserolle die Butter aufschäumen lassen, den Spinat hineingeben, mit Salz, Pfeffer und Muskat würzen. Bei guter Hitze und unter mehrmaligem Wenden einige Minuten dünsten. Den Spinat auf vier Teller verteilen und die Klößchen darauf anrichten.

Für die Sauce den Fischfond mit dem Weißwein und den Safranfäden zum Kochen bringen und in der offenen Kasserolle bis auf etwa ¼ Liter reduzieren. Dann die geschlagene Sahne unterziehen und, wenn nötig, noch mit Salz und Pfeffer nachwürzen. Die Sauce über die Klößchen gießen.

Hechtklößchen

Ohne Abbildung

Zutaten für 4 Portionen:
250 g Hechtfilet · 1 Ei
1 Eigelb
½ Teel. Salz
etwas frisch gemahlener Pfeffer
1 Eßl. gehackte Petersilie
1 Scheibe Toastbrot
⅛ l Sahne

Vorbereitungszeit: 50 Minuten
Garzeit: etwa 10 Minuten

Die Zubereitung ist fast identisch mit der Zubereitung der Forellenklößchen. Die Zutaten, wie nebenstehend beschrieben, gut kühlen. Das Toastbrot von der Rinde befreien, kleinwürfeln und in der Sahne einweichen. Das geweichte Brot mit der Petersilie zu den übrigen Zutaten in den Mixer geben. Von der Farce dann Klößchen abstechen und garen. Mit Spinat und Sauce servieren.
Die Farce kann man ebenso wie die Forellenfarce für Füllungen und so weiter verwenden.

Gefüllter Hecht

Wenn man den Hecht beim Fischhändler ersteht, dann sollte man den Verkäufer bitten, daß er ihn entweder vom Rücken oder vom Bauch her ausnimmt und gleich Rückgrat und Gräten entfernt.
Ein selbst geangelter Hecht muß natürlich auch selbst vorbereitet werden, und das geht folgendermaßen: Den Hecht zunächst vom Schwanzende zum Kopf hin mit einem Messer (stumpfe Seite) schuppen und unter fließendem Wasser gut abwaschen. Dann den Bauch vom Kopf bis zum Schwanz aufschneiden und die Eingeweide entfernen. Die Flossen abschneiden.
Um das Rückgrat mitsamt den Gräten herauszubekommen, muß man mit einem spitzen Messer zunächst einmal die erste Grätenschicht vom Bauch her anheben, dann mit dem Daumen darunterfahren und die nächsten Gräten vom Fleisch lösen, bis man beim Rückgrat angelangt ist. Mit einem spitzen Messer das Fleisch oberhalb des Rückgrats lösen (dabei darauf achten, daß man das Fleisch am Rücken nicht durchschneidet). Das Rückgrat dann am Kopf und Schwanz mit einer Schere durchschneiden und herausnehmen.

Zutaten für 4 Portionen:
1 ausgenommener Hecht von
1 kg (ohne Gräten 900 g)
100 g Blattspinat · Salz

Für die Füllung:
100 g frisches Forellenfilet
½ Ei
etwas Salz und
frisch gemahlener Pfeffer
1 gestrichener Eßl. Butter
6 cl Crème fraîche
2 Teel. frische Dillspitzen

Außerdem:
200 g »grüner« (frischer) Speck
in hauchdünnen Scheiben
100 g Karotten/Möhren
100 g Knollensellerie
100 g Lauch/Porree
2 Eßl. Öl
¼ l trockener Weißwein

Für die Sauce:
30 g Schalotten
1 gelbe Paprikaschote
20 g Butter
1 Nelke
einige Pfefferkörner
1 Eßl. trockener Wermut
⅛ l Fischfond (Rezept Seite 9)
2 Eßl. steife Schlagsahne
Salz

Vorbereitungszeit: etwa 1 Stunde und 30 Minuten
Garzeit: 40–45 Minuten

Den vorbereiteten Hecht unter fließendem Wasser einmal kurz abspülen und mit Küchenkrepp innen und außen abtrocknen. Den Blattspinat putzen, in kochendem Salzwasser kurz blanchieren und den aufgeklappten Fisch mit den Spinatblättern innen vollständig auslegen.
Für die Füllung das Forellenfilet mit den übrigen Zutaten, wie auf Seite 19 beschrieben, zu einer Farce verarbeiten und Dillspitzen darunterrühren. Diese Farce auf den mit Spinat ausgelegten Hecht streichen. Den Fisch zusammenklappen und mit den Speckscheiben umwickeln. Den Speck mit einem Baumwollfaden (Küchengarn) festbinden. Die Karotten, den Sellerie und den Lauch putzen und grob zerschneiden. In einem entsprechend großen Bräter oder in einem Fischkessel das Öl erhitzen. Die Gemüse hineingeben und den Hecht daraufsetzen. Den Weißwein angießen und den Fisch in den auf 180° vorgeheizten Backofen schieben. Nach 30 Minuten den Backofen abschalten und den Fisch noch 10–15 Minuten im Ofen ziehen lassen. Den gefüllten Hecht herausnehmen. Den Speck entfernen und den Fisch in Scheiben schneiden.
Während der Hecht gart, für die Sauce die Schalotten schälen und ganz fein hacken. Die Paprikaschote entkernen, waschen, trockentupfen und in ganz kleine Würfel schneiden. In einer Kasserolle die Butter erhitzen und die feingehackten Schalotten darin hell anschwitzen. Die Paprikawürfel mit der Nelke, einigen Pfefferkörnern und dem Wermut zu den Schalotten geben und mit dem Fischfond aufgießen. Das Ganze zu einem Mus einkochen und durch ein feines Sieb passieren. Die Schlagsahne unterrühren und mit Salz nachwürzen. Die Paprikasauce zum Hecht servieren.

Seezungenfilets mit Sherry

Es sind vorwiegend Seefische, deren Filets, mit würzenden Kräutern sanft gedämpft, den für uns so vollkommenen Geschmack erreichen. Mit feinen Zutaten, auch einem kräftigen Wein, einem Hauch Knoblauch und etwas Butter wird nach dieser Methode zubereiteter Fisch noch köstlicher. Beim Dämpfen nach chinesischer Art – wie im folgenden Rezept – garen die Fische oder Fischfilets im eigenen Saft auf einer Platte, die bequem in einen größeren Topf passen muß. Man kann auch einen Teller verwenden. Wichtig ist, daß die Platte genügend Abstand zum Topfrand hat, damit der Dampf frei zirkulieren kann. Die Platte muß so hoch gestellt werden (am besten auf eine feuerfeste Schale), daß der Wasserspiegel von 2–3 cm Höhe noch deutlich darunter bleibt.

Zutaten für 2 Portionen:
2 große Seezungen zu je 375 g
eventuell Zitronensaft
¼ Teel. frisch gemahlener weißer Pfeffer
2 Zwiebeln
2 Eßl. feingeschnittener Schnittlauch
2 Eßl. feingehackte Petersilie
⅛ l trockener Sherry
⅛ l Wasser
½ Teel. Salz
50 g Butter

Vorbereitungszeit: 40 Minuten
Kühlzeit: 1 Stunde
Garzeit: 5–6 Minuten

Von den Seezungen mit der Küchenschere die Köpfe abschneiden. Dann die dunkle Haut am Schwanzende mit einem spitzen Messer quer einschneiden und so weit ablösen, daß man die Fische am Schwanz gut festhalten kann.

Bild 1: Am Kopfende beginnend die dunkle Haut an den Flossen mit dem Daumen lösen, damit das Abziehen leichter geht.

Bild 2: Den Schwanz fest anfassen und die Haut flach über dem Körper mit kräftigen Ruck nach vorne ziehen.
Den Fisch umdrehen und die weiße Haut ebenso abziehen.

Bild 3: Die Flossen mit der Hand festhalten (dabei etwas hoch- und auseinanderziehen) und mit der Schere abschneiden.

Bild 4: Ein biegsames Messer ganz flach auf die Gräten drükken. Von vorne nach hinten fahren und immer tiefer einschneiden, bis die Filets abgetrennt sind. Die Seezungenfilets kalt abspülen, gut trockentupfen und mit Zitronensaft (nach Wunsch) sowie mit Pfeffer einreiben. Zugedeckt etwa 1 Stunde kühl stellen.
Die Zwiebeln schälen, in feinste Scheiben hobeln und einen großen Teller oder eine in den Topf passende Platte damit auslegen. Die Filets wieder trockentupfen, mit der Hautseite (das heißt, mit der Seite, von der die Außenhaut abgezogen wurde) nach unten auf die Zwiebeln legen und mit den Kräutern bestreuen.

Bild 5: Den Sherry und das Wasser in einen passenden Topf gießen und eine feuerfeste Schale umgedreht hineinlegen. Den Topf schließen und die Flüssigkeit bei mittlerer Hitze zum Kochen bringen.

Bild 6: Die Fischfilets erst unmittelbar vor dem Dämpfen mit dem Salz bestreuen. Den Fischteller auf die Schale im Topf mit der dampfenden Flüssigkeit setzen. Die Filets bei fest geschlossenem Deckel garen. Diese dünnen Seezungenfilets sind schon nach 5–6 Minuten fertig.
Die Platte oder den Teller mit dem Fisch aus dem Topf heben (am besten mit zwei kräftigen Bratenwendern) und warm stellen. Den Sud dann nach Belieben bis auf einen kleinen Rest einkochen lassen. Den Fischsaft von der Platte in den Topf gießen und die Butter dazugeben. Mit dem Schneebesen verschlagen. Diese leichte Sauce zu den Seezungenfilets servieren.
Dazu möglichst den gleichen Wein servieren, der auch zum Dämpfen verwendet wurde.

Edelfische in Sahnesauce

Feine Fische wie Dorade, Seewolf, Seezunge und Riesengarnelen bedürfen einer zarten Garmethode.

Zutaten für 4 Portionen:
1 Seewolf von 300–400 g
2 Doraden von je 250–300 g
1 Seezunge von 400 g
8 rohe Riesengarnelen
Für die Brühe:
100 g Lauch/Porree
100 g Karotten/Möhren
100 g Stangensellerie/ Bleichsellerie
1 Teel. Salz
1 Teel. Pfefferkörner
1 Bund glatte Petersilie
¼ l trockener Weißwein
Außerdem:
30 g Butter
Salz
frisch gemahlener Pfeffer
¼ l trockener Weißwein
2 Teel. Limettensaft
Für die Sauce:
¼ l Sahne
2 Teel. trockener Wermut
1 Teel. Limettensaft
eventuell Salz und frisch gemahlener Pfeffer
Kerbelblättchen

Zubereitungszeit: 70–80 Minuten

Den Seewolf und die Doraden schuppen und filetieren, wie auf Seite 62 beschrieben, aber die Haut nicht entfernen. Die Seezunge wie auf Seite 23 filetieren. Die Riesengarnelenschwänze vom Rumpf trennen und den Darm herausziehen. Die Schwänze einige Minuten in kochendes Salzwasser halten, abkühlen lassen, dann die Schalen ablösen.
Aus den Fischresten (Kopf, Gräten und Flossen), wie auf Seite 9 beschrieben, eine Fischbrühe kochen. Diese durch ein feines Sieb gießen und in der offenen Kasserolle auf etwa ⅛ Liter reduzieren. Eine Form, die gut in den Fischkessel paßt, mit Butter ausstreichen. Die Filets vom Seewolf und den Doraden in Portionsstücke schneiden, die Seezungenfilets einmal umschlagen oder aufrollen. Die Filets und die Garnelenschwänze in die Form legen, mit Salz und Pfeffer würzen und mit dem Weißwein sowie dem Limettensaft übergießen. Die Form in den Fischkessel (wie auf Seite 23 beschrieben) setzen und die Fische 8–9 Minuten dämpfen. Die Form herausnehmen. Den in der Form entstandenen Fischfond zu dem bereits reduzierten Fond geben. Die Fischstücke warm stellen. Den Fond noch einige Minuten einkochen lassen und die Sahne mit dem Schneebesen darunterschlagen. Mit dem Wermut und dem Limettensaft würzen und wenn nötig noch mit Salz und Pfeffer abschmecken. Die Fischstücke mit der Sauce anrichten. Mit Kerbelblättchen bestreuen.
Dazu passen Butternudeln vorzüglich.

Steinbutt mit Crème fraîche

Ohne Abbildung

Zutaten für 4 Portionen:
4 Steinbuttfilets (oder Heilbutt) von je 150–200 g
Salz · frisch gemahlener Pfeffer
40 g Butter für die Form
100 g Karotten/Möhren
100 g Stangensellerie/ Bleichsellerie
100 g Kohlrabi
150 g Crème fraîche
2 Teel. Limettensaft
1 Teel. gehackter Estragon

Zubereitungszeit: 40–50 Minuten

Die Filets unter kaltem Wasser abwaschen und abtrocknen. Mit Salz und Pfeffer würzen. Eine feuerfeste Form, die in den Fischkessel paßt, mit der Butter ausstreichen. Das Gemüse putzen, in feine Streifen schneiden, in die Form legen und, wie auf Seite 23 beschrieben, 5–6 Minuten dämpfen. Das Gemüse soll weich werden und etwas zusammenfallen. Dann die Filets darauflegen und 5–6 Minuten ebenso dämpfen.
In der Zwischenzeit die Crème fraîche mit dem Limettensaft und dem Estragon verrühren. Die Mischung über den Fisch gießen und alles noch 6–8 Minuten fertig garen.

Gedämpfte Schollenfilets in Gelee

Fisch in Gelee kann köstlich schmecken, wenn man mit dem Fisch behutsam umgeht, damit er sein volles Aroma behält, und wenn man als Basis für das Gelee Fischfond verwendet. Kauft man ganze Fische, dann fallen genügend Reste an, um den Fond zu kochen. Nimmt man Filets, dann sollte man auf einen Fischfond aus der Tiefkühltruhe zurückgreifen können.

Zutaten für 4 Portionen:
4 Schollen von je 300 g
Für den Fond:
½ Zwiebel
50 g Karotten/Möhren
1 Stück Petersilienwurzel
1 Stück Lauch/Porree
50 g Knollensellerie
Salz · 1–1½ l Wasser
1 Eßl. Öl · 100 g Zwiebeln
½ Teel. Salz
100 g Zucchini
80 g Karotten/Möhren
80 g Erbsen, frisch enthülst oder tiefgefroren
120 g gekochte, geschälte Garnelen
120 g gedünstete, geschälte Miesmuscheln
abgeriebene Schale von ½ Zitrone (Schale unbehandelt)
Für das Gelee:
10 Blatt weiße Gelatine
6 Eßl. trockener Weißwein
Salz und frisch gemahlener Pfeffer zum Nachwürzen

Zubereitungszeit: 70–80 Minuten
Kühlzeit: 1–2 Stunden

Von den Schollen den Kopf mit einem scharfen Messer in der natürlich vorgegebenen Rundung abschneiden, die Flossen mit einer Schere abtrennen. Die Fische auf eine Arbeitsplatte legen und am Schwanz mit einem scharfen Messer die Haut quer durchschneiden. An dieser Schnittstelle die Haut mit dem Messer so weit lösen, daß man sie gut anfassen kann. Die Haut mit Hilfe eines Küchentuches greifen (damit man nicht abrutscht), mit der linken Hand den Schwanz auf die Arbeitsfläche drücken und die Haut mit der rechten Hand abziehen. So auf beiden Seiten verfahren. Die Filets von der Mittelgräte her auslösen.

Die Schollenreste in einen entsprechend großen Topf geben. Die Zwiebel, die Karotten, die Petersilienwurzel, den Lauch und den Sellerie schälen beziehungsweise putzen, kleinschneiden und dazugeben. Salz zufügen und alles mit dem Wasser begießen. Diesen Fond etwa 1 Stunde leicht köcheln lassen. Dann durch ein Haarsieb filtern.

Zum Dämpfen eine entsprechend große Platte (oder einen Teller) verwenden, die wiederum bequem in eine Kasserolle paßt. Diese Platte mit dem Öl beträufeln. Die Zwiebeln schälen und in hauchdünne Scheiben schneiden. Die Zwiebelscheiben auf die Platte legen, mit den Schollenfilets abdecken und mit dem Salz bestreuen. In die Kasserolle so viel Wasser einfüllen, daß der Wasserspiegel noch unterhalb der Platte bleibt, dann diese hineinsetzen, den Deckel schließen und das Ganze zum Kochen bringen. Ab dem Siedepunkt 5–6 Minuten garen. Die Platte herausnehmen und die Schollenfilets abkühlen lassen.

Den Fischfond auf etwa ¾ Liter einkochen.

Die Zucchini unter fließendem Wasser abbürsten, die Stiele abschneiden und die Zucchini in dünne Scheiben schneiden, die Karotten putzen und in feine Stifte schneiden. Die Zucchinischeiben, die Karottenstifte und die Erbsen in ganz wenig Salzwasser 5–6 Minuten dünsten, so daß sie weich sind, aber noch etwas »Biß« haben. Die Gemüse mit den Garnelen und den Miesmuscheln sowie den gedämpften Schollenfilets in vier tiefen Tellern anrichten. Mit der abgeriebenen Zitronenschale bestreuen.

Die Gelatine in kaltem Wasser einweichen, dann ausdrücken und im reduzierten, erwärmten Fischfond auflösen. Den Weißwein zufügen und die Geleeflüssigkeit so weit abkühlen lassen, bis sie fast kalt ist. Das Gelee über die angerichteten Zutaten in den Tellern verteilen. In 1–2 Stunden im Kühlschrank fest werden lassen.

Gebratene Felchen in Mandelbutter

Man kann Fische auch, ohne sie vorher in Mehl zu wenden, in der Pfanne braten. Edle Süßwasserfische, wie zum Beispiel Felchen, frische Bachforellen oder die seltenen Saiblinge, eignen sich besonders gut. Felchen gibt es unter diesem Namen nur im Bodensee. Doch als »Renken« finden wir sie in den Alpenseen, und in den norddeutschen Seen sind es die »Maränen«. Alle sind übrigens mit dem Lachs verwandt.

Zutaten für 2 Portionen:

2 küchenfertige Felchen oder Renken von je 300 g
Salz · ½ Zitrone
2 Zweige Estragon
2 Zweige Petersilie
50 g frische Butter
50 g gehobelte Mandeln

Vorbereitungszeit: 35 Minuten
Bratzeit: 10–12 Minuten

Wenn man sich die Felchen nicht bereits küchenfertig vom Fischhändler besorgen kann, dann werden sie ausgenommen, sorgfältig geschuppt (siehe Seite 20) und die Flossen werden mit einer Schere abgeschnitten.
Die Felchen unter fließendem Wasser kurz auswaschen und mit Küchenkrepp abtrocknen. In die Bauchhöhle etwas Salz streuen und nur einige Tropfen Zitronensaft hineinträufeln. Dann jeweils 1 Zweig Estragon und Petersilie hineinlegen und die Bauchöffnung verschließen (die Bauchlappen mit einem Holzspießchen zusammenhalten, damit sie sich beim Braten nicht aufwölben).
Die Hälfte der Butter in einer entsprechend großen Pfanne zerlaufen lassen und die gehobelten Mandeln hineinstreuen. Nach etwa 1 Minute die beiden Fische hineingeben und bei sehr dezenter Hitze, denn die Butter sollte keinesfalls zu dunkel werden, langsam von beiden Seiten braten. Dabei kann es passieren, daß sich die Haut etwas ablöst, aber das tut dem Geschmack keinen Abbruch, ganz im Gegenteil, das Fischfleisch kann sich dann erst so richtig mit der Butter vollsaugen. Bevor die Fische gewendet werden, die restliche Butter zusetzen. Die Gesamtbratzeit liegt etwa bei 10–12 Minuten.
Die Fische auf vorgewärmten Tellern anrichten, mit den gerösteten Mandeln bestreuen und mit der braunen Butter übergießen.
Dazu passen Petersilienkartoffeln und, wenn gerade Saison sein sollte, frischer Spargel.

Lachskotelett mit Champignons

Ohne Abbildung

Zutaten für 4 Personen:

200 g Champignons
2 Eßl. feines Pflanzenöl
2 Eßl. feingehackte Schalotten
2 Eßl. gehackte Petersilie
½ Teel. Salz
4 Lachskoteletts (Lachsscheiben) von je etwa 120 g
etwas Salz und frisch gemahlener Pfeffer
40 g Butter

Zubereitungszeit: 45 Minuten

Die Champignons putzen, die Haut abziehen und die Pilze in hauchdünne Scheiben schneiden. Das Pflanzenöl in einer großen Pfanne erhitzen und die ganz fein gehackten Schalotten darin hell anschwitzen. Die Champignonscheiben in die Pfanne geben. Die gehackte Petersilie und das Salz zufügen. Alles 2–3 Minuten bei guter Hitze und unter ständigem Rühren dünsten. Vom Herd nehmen und warm stellen.
Die Lachskoteletts leicht salzen und pfeffern. Die Butter in einer Pfanne zerlaufen lassen und die Lachskoteletts hineinlegen. Bei Mittelhitze (ohne daß die Butter zu dunkel wird) 2–3 Minuten von einer Seite braten und dann wenden. Die gedünstete Champignonmischung darübergeben und die Koteletts noch etwa 5 Minuten bei Mittelhitze garen. Die Koteletts zusammen mit den Champignons auf vorgewärmten Tellern anrichten.
Sehr gut passen Prinzeßkartoffeln dazu.

Schwertfisch nach sizilianischer Art

Steaks oder Scheiben der mediterranen Fischarten wie Schwertfisch und Thunfisch eignen sich ganz besonders gut zum Braten. Diese Fische haben ein besonders festes Fleisch, das sich beim Braten ähnlich verhält wie Fleisch von Landtieren. Man bekommt Thunfisch und Schwertfisch ab und zu auch bei uns in guten Fischgeschäften. Außerdem lassen sich südländische Rezepte auch ganz hervorragend mit Heilbutt, Schellfisch oder selbst mit Kabeljaufilet zubereiten, denn diese Fische vertragen sich gut mit den Gewürzen der Mittelmeerregionen.

Zutaten für 4 Portionen:

150 g Zwiebeln
½ Lorbeerblatt
½ Knoblauchzehe
etwas frisch gemahlener Pfeffer · ½ Teel. Salz
4 Scheiben Schwertfisch zu je 200 g · ⅛ l Olivenöl
1 Eßl. getrockneter Oregano
Zitronenscheiben

Vorbereitungszeit: 30 Minuten
Marinierzeit: 3–4 Stunden
Bratzeit: 6–8 Minuten

Die Zwiebeln schälen, in dünne Scheiben schneiden, mit dem zerbröselten Lorbeerblatt, der zerdrückten Knoblauchzehe, etwas Pfeffer und dem Salz mischen. 1 Schwertfischscheibe in ein entsprechend großes Gefäß geben, mit gewürzten Zwiebelscheiben bestreuen, dann 1 weitere Fischscheibe darauflegen, wieder mit Zwiebeln bestreuen, und so alle 4 Scheiben aufeinanderschichten. Das Ganze mit dem Olivenöl übergießen. Das Gefäß mit Alufolie verschließen und die Fischscheiben 3–4 Stunden marinieren lassen.
Die Schwertfischscheiben aus der Marinade nehmen, Zwiebeln und Gewürze abstreifen und die Fischscheiben mit dem Oregano beidseitig bestreuen. Das Öl durchseihen und in der Pfanne etwas erhitzen. Die Fischscheiben hineinlegen und von beiden Seiten jeweils in 3–4 Minuten bei Mittelhitze goldbraun braten. Mit Zitronenscheiben anrichten.
Dazu frisches Weißbrot reichen. Man kann aber auch Gemüse wie Broccoli, Zucchini oder Auberginen dazu servieren und zusätzlich vielleicht noch Kartoffeln.

Goldbarschfilet mit Zitronen und Kapern

Ohne Abbildung

Zutaten für 4 Portionen:

4 Goldbarschfilets zu je 200 g
1 gestrichener Eßl. Mehl
60 g Zwiebeln
60 g Karotten/Möhren
100 g Stangensellerie/Bleichsellerie
4 Eßl. feines Olivenöl
1 gestrichener Teel. Salz
2 Eßl. feingehacktes Basilikum
2 Zitronen · 2 Eßl. Kapern

Vorbereitungszeit: 40 Minuten
Bratzeit: 6–8 Minuten

Die Goldbarschfilets mit Küchenkrepp gut trockentupfen und von beiden Seiten ganz dünn mit dem Mehl bestauben. Die Zwiebeln schälen, die Karotten sowie den Stangensellerie putzen und alles in ganz feine Würfel schneiden.
In einer Pfanne 2 Eßlöffel Olivenöl erhitzen, die Zwiebel-, Karotten- und Selleriewürfel darin 3–4 Minuten bei Mittelhitze dünsten. Dann das Salz und das feingehackte Basilikum dazugeben. Sofort vom Herd nehmen. Die Mischung in ein bereitgestelltes Gefäß gießen.
In der Pfanne erneut 2 Eßlöffel Olivenöl erhitzen und die Goldbarschfilets darin beidseitig goldbraun braten; von jeder Seite 3–4 Minuten. Die gedünstete Gemüsemischung über die Fischscheiben verteilen. Die Zitronen so schälen, daß von der weißen Haut nichts mehr übrig bleibt, und dann in hauchdünne Scheiben schneiden. Die Fischfilets mit den Zitronenscheiben abdecken und mit den Kapern bestreuen. Die Pfanne nochmals auf den Herd setzen und alles kurz erwärmen.

Seezunge nach Müllerin-Art

Mit »à la meunière«, zu deutsch »nach Müllerin-Art«, wird eine Zubereitungsmethode bezeichnet, die nichts weiter bedeutet, als »in Mehl gewendet«. Die so vorbereiteten Fische bekommen beim Braten in der Pfanne eine angenehm goldbraune Kruste, und das Fleisch darunter bleibt zart und saftig.
Plattfische wie Seezunge, Scholle oder Flunder bieten sich für die Zubereitung »à la meunière« geradezu an. Die dünnen Filets werden durch die Mehlkruste beim Braten hervorragend geschützt. Aber auch alle anderen kleinen Portionsfische kann man auf Müllerinart zubereiten, gleichgültig, ob es sich um Süßwasser- oder Seefische handelt. Natürlich kann man auch Filets von größeren Fischen vor dem Braten in Mehl wenden, denn gerade sie bedürfen oft einer schützenden Hülle, damit das Fleisch in der Brathitze nicht austrocknet.

Zutaten für 1 Portion:
1 ausgenommene Seezunge
von 300–350 g
Salz
2 Eßl. feinstes Pflanzenöl
30 g Butter
Zum Garnieren:
1 Zitronenachtel
1 Petersilienzweig

Zubereitungszeit: 20 Minuten

Die Seezunge kurz unter kaltem Wasser abwaschen und die dunkle Hautseite abziehen. Dafür den Fisch mit der hellen Seite nach unten auf eine Arbeitsplatte legen und am Schwanz mit einem scharfen Messer die Haut quer durchschneiden. An dieser Schnittstelle die Haut mit dem Messer so weit lösen, daß man sie gut anfassen kann. Mit Hilfe eines Tuches (damit man nicht abrutscht) den Schwanz mit der linken Hand festhalten und mit der rechten Hand die Haut abziehen. Das geht einfacher als man meint. Dann den Kopf abschneiden. Den Fisch salzen, auf beiden Seiten in Mehl wenden und das Mehl gut andrücken. Sollte der Fisch zu trocken sein, dann mit wenig Wasser benetzen, damit das Mehl gut haftet. Den Fisch einige Minuten auf ein Kuchengitter legen, damit die Mehlkruste von beiden Seiten antrocknen kann.
In der Pfanne das Öl erhitzen, die Seezunge mit der abgezogenen Seite nach unten in die Pfanne legen und bei gleichbleibend starker Hitze 2–3 Minuten braten. Die Butter nebenher schmelzen. Dann die Seezunge wenden und zugleich das Öl abgießen. Die geschmolzene Butter in die Pfanne gießen und den Fisch bei leicht reduzierter Hitze fertig braten. Die Butter soll durchaus braun, aber nicht zu dunkel werden. Den Fisch mit Zitronenachtel und Petersilie garniert servieren.
Die klassische Beilage für eine Seezunge nach Müllerin Art sind Salz- oder Petersilienkartoffeln.

Tip: Beim Braten sollte man darauf achten, daß das Fischfleisch möglichst saftig bleibt. Dies erreicht man bei kleinen Fischen oder bei dünnen Fischen, wie es die Seezunge ist, mit starker Hitze. Dicke Fischfilets oder große Fische werden ebenfalls bei starker Hitze angebraten, bis sich eine Kruste gebildet hat, dann wird die Hitze reduziert und der Fisch wird langsam fertiggebraten. Für hohe Temperaturen muß man Pflanzenöl oder geklärte Butter verwenden, denn frische Butter würde unweigerlich verbrennen. Da sich aber gerade der feine Geschmack frischer Butter sehr gut mit dem zarten Fischaroma verträgt, sollte man sich den Luxus leisten und den Fisch zunächst mit Pflanzenöl anbraten, dann das Öl weggießen und den Fisch mit frischer Butter fertigbraten.

Gebratener Lachs mit Kräutern

Zu diesem Rezept sollten Sie sich nur entschließen, wenn Sie den Lachs und die Scampi wirklich frisch bekommen können.

Zutaten für 4 Portionen:
4 Scheiben Lachs von je 200 g
etwas Salz und
frisch gemahlener Pfeffer
Mehl zum Wenden
4 rohe Scampi
2 Eßl. feines Pflanzenöl
30 g Butter
½ Knoblauchzehe
2 Eßl. feingehackte Schalotten
2 Eßl. gehackte Kräuter
(Petersilie, Thymian, Basilikum,
Dill, Estragon und Liebstöckel)
⅛ l trockener Weißwein

Zubereitungszeit: 40–50 Minuten

Die Lachsscheiben von beiden Seiten leicht salzen und pfeffern, dann beidseitig in Mehl wenden. Die Schwänze der Scampi mit einer drehenden Bewegung vom Rumpf trennen und mit einem scharfen Sägemesser die Schale der Länge nach aufschneiden. Dabei wird der Darm in Form eines dunklen Streifens sichtbar; diesen Darm entfernen. Die Scampi längs halbieren.
In einer entsprechend großen Pfanne das Öl erhitzen. Die Lachsscheiben hineinlegen und bei Mittelhitze von einer Seite etwa 4 Minuten braten. Zusätzlich jetzt die Butter in die Pfanne geben, die Lachsscheiben wenden und die halbierten Scampischwänze mit der Schnittseite nach unten in die Pfanne legen. Alles zusammen weitere 4–5 Minuten braten. Dann die Fischscheiben und Scampi herausnehmen und warm stellen.
Die Knoblauchzehe schälen und zerdrücken. In dem Bratfett die sehr fein gehackten Schalotten und die zerdrückte Knoblauchzehe anlaufen lassen. Die Kräuter zufügen. Mit dem Weißwein aufgießen und die Sauce bei starker Hitze etwa auf die Hälfte einkochen. Die Fischscheiben und Scampi wieder in die Pfanne geben und erwärmen.
Den Lachs zusammen mit einem zarten, frischen Gemüse wie zum Beispiel Zuckerschoten servieren.

Scholle nach Finkenwerder Art

Ohne Abbildung

Ein sehr traditionelles Rezept, das in verschiedenen Kochbüchern auch als »Scholle nach Hamburger Art« zu finden ist. Das Typische daran ist der Räucherspeck.

Zutaten für 4 Portionen:
4 ausgenommene Schollen
von je 300–400 g
Saft von 1 Zitrone
120 g durchwachsener
Räucherspeck
Salz
Mehl zum Wenden
Zum Garnieren:
Zitronenscheiben und
Petersilie

Zubereitungszeit: etwa 30 Minuten

Von den ausgenommenen Schollen Kopf, Schwanz und Flossen abschneiden. Die Fische unter fließendem Wasser sorgfältig waschen, trockentupfen und mit etwas Zitronensaft beträufeln.
Den Speck in kleine Würfel schneiden und in der Pfanne auslassen. Die Grieben herausnehmen. Die Schollen salzen, in Mehl wenden und bei guter Hitze in dem Speckfett auf jeder Seite 4–5 Minuten braten. Die Fische auf vorgewärmten Tellern anrichten und mit den Speckwürfeln bestreuen. Mit Zitronenscheiben und Petersilie garnieren.
Dazu passen Salzkartoffeln am besten.

Seelachsrouladen mit Porree

Pikante Fischrouladen kann man natürlich auch mit anderem Fisch zubereiten, zum Beispiel mit Goldbarsch- oder Kabeljaufilet.

Zutaten für 4 Portionen:
6–8 dünne Seelachsfilets
(etwa 500–600 g)
Für die Füllung:
1 Eßl. Zitronensaft
½ Teel. Salz
etwas frisch gemahlener Pfeffer
1 Teel. gehackter Salbei
½ Eßl. mittelscharfer Senf
100 g Lauch/Porree
1 Eßl. feines Pflanzenöl
6–8 hauchdünne Scheiben
durchwachsener Räucherspeck
Außerdem:
1 Eßl. Öl
4 Eßl. Fisch- oder Fleischbrühe

Zubereitungszeit: 35–40 Minuten

Für Fischrouladen sollte man nur dünne Filets verwenden oder, wenn sie wiederum dick genug sind, die Filets einmal waagrecht durchschneiden.
Die Filets auf der Arbeitsfläche ausbreiten und mit dem Zitronensaft beträufeln. Dann salzen, pfeffern und mit dem gehackten Salbei bestreuen. Die Filets auf einer Hälfte dünn mit dem Senf bestreichen. Den Lauch putzen und ganz fein schneiden. Das Öl in einer Pfanne erhitzen, den feingeschnittenen Lauch darin kurz anschwitzen und auf den Fischfilets verteilen. Die Filets zu Rouladen aufrollen und jeweils mit 1 Speckscheibe umwickeln, die Enden mit einem Zahnstocher feststecken.
In einer entsprechend großen Pfanne das Öl erhitzen. Die Fischrouladen hineinlegen und bei sehr starker Hitze rundum kurz anbraten, dann die Hitze reduzieren. Mit der Fisch- oder Fleischbrühe aufgießen. Die Rouladen unter öfterem Wenden in 10–12 Minuten gar ziehen lassen. Die Flüssigkeit soll vollständig verdunstet sein.
Zu diesen pikanten Fischrouladen passen Lauchgemüse und Salzkartoffeln.

Lengfischrouladen mit Garnelenfüllung

Ohne Abbildung

Zutaten für 4 Portionen:
4 Lengfischfilets
(oder Kabeljaufilets)
von je 150–200 g
etwas Salz und
frisch gemahlener Pfeffer
Für die Füllung:
1 Eßl. feines Pflanzenöl
2 Eßl. feingehackte Zwiebel
1 Eßl. Kapern
2 Sardellenfilets
1 Eßl. gehackte Petersilie
etwas Salz und
frisch gemahlener Pfeffer
120 g gekochte, geschälte
Garnelen
⅛ l trockener Weißwein
Außerdem:
3 Eßl. feines Pflanzenöl
⅛ l Fisch- oder Hühnerbrühe

Zubereitungszeit: 50 Minuten

Die Lengfischfilets kurz kalt abwaschen und mit Küchenkrepp trokkentupfen. Auf eine Arbeitsplatte legen und mit etwas Salz und Pfeffer bestreuen.
Für die Füllung das Öl in einer Pfanne erhitzen und die feingehackte Zwiebel darin hell anlaufen lassen. Die Kapern sowie die Sardellenfilets grobhacken und zusammen mit der Petersilie zu den Zwiebeln geben. Mit Salz und Pfeffer würzen. Die Garnelen hakken und zugeben. Den Weißwein angießen und alles bei offener Pfanne und starker Hitze 3–4 Minuten kochen, bis die Flüssigkeit fast verdampft ist. Diese Füllung noch warm auf den Lengfischfilets verteilen. Die Filets aufrollen und mit einem Baumwollfaden (Küchengarn) oder mit Holzspießchen zusammenhalten.
In einer Pfanne das Öl erhitzen. Die Fischrouladen hineinlegen und bei guter Hitze von allen Seiten anbraten. Dann mit der Fisch- oder Hühnerbrühe aufgießen und die Rouladen bei Mittelhitze in 10–12 Minuten gar schmoren.
Diese Rouladen kann man mit einer pikanten Tomaten- oder Paprikasauce servieren.

Kabeljaufilet mit Spargel und Sauerampfersauce

Zutaten für 4 Portionen:
500 g grüner Spargel · Salz
4 Kabeljaufilets
von je 150–200 g
frisch gemahlener Pfeffer
2 Eßl. Öl · 50 g Butter
Für die Sauce:
½ l Fischfond
⅛ l trockener Weißwein
etwas Salz
frisch gemahlener Pfeffer
50 g Sauerampfer
100 g eiskalte Butter
6 Eßl. steife Schlagsahne
1 Limette oder Zitrone

Vorbereitungszeit: 40 Minuten
Garzeit: etwa 40 Minuten

Beginnen sollte man bei diesem Rezept mit der Sauce, denn das Reduzieren geht zwar so nebenbei, aber es dauert seine Zeit. Den Fischfond auf dem Herd bei Mittelhitze auf etwa ¼ Liter langsam einkochen. Dann den Weißwein zugießen, mit etwas Salz und Pfeffer würzen und die Flüssigkeit dann wieder etwa zur Hälfte, also auf gut ¼ Liter einkochen. Diese halbfertige Sauce warm stellen. In der Zwischenzeit den Spargel kochen und die Fischfilets braten. Den Spargel putzen, waschen und zu Bündeln schnüren. Salzwasser zum Kochen bringen und den Spargel darin so weich kochen, wie man ihn wünscht, ganz durch oder noch mit etwas Biß (zwischen 20 und 30 Minuten).
Die Fischfilets mit Küchenkrepp trockentupfen und mit etwas Salz und Pfeffer sehr zart würzen. Das Öl in einer Pfanne erhitzen, die Fischfilets zusammen hineinlegen und bei guter Hitze auf der einen Seite etwa 3 Minuten braten. Dann wenden, das Öl abgießen und die Butter in Flöckchen darüber verteilen. Die Filets bei schwacher Hitze in etwa 4 Minuten gar braten; wenn nötig, noch einmal wenden. Warm stellen.
Den Sauerampfer in Streifen schneiden. Die Sauce wieder bis zum Kochen erhitzen, den Sauerampfer hineingeben und 1–2 Minuten leicht köcheln lassen. Dann die eiskalte Butter in kleine Stükke schneiden und mit dem Schneebesen unter die Flüssigkeit schlagen. Es muß eine schöne cremige, nicht zu dünnflüssige Sauce entstehen. Zum Schluß die geschlagene Sahne unterziehen. Den Fisch, den Spargel und die Sauce auf vier Tellern anrichten und mit Limetten- oder Zitronenscheiben garnieren.

Fischfilet mit Currysauce

Ohne Abbildung

Zutaten für 4 Portionen:
4 Fischfilets (Kabeljau,
Schellfisch, Lengfisch oder
Goldbarsch) von je 200 g
Salz · 3 Eßl. feines Pflanzenöl
je ½ rote und grüne Paprikaschote
1 Chilischote
1 Eßl. gehackte Zwiebel
¼ l trockener Weißwein
Saft von 1 Limette
1 Eßl. Currypulver · 1 Banane
2 Eßl. Semmelbrösel
30 g Butter

Zubereitungszeit: 50 Minuten

Die Fischfilets unter kaltem Wasser abwaschen und trockentupfen, dann leicht salzen. In der Pfanne das Öl erhitzen. Die Filets hineinlegen und von einer Seite in etwa 4 Minuten schön hellbraun braten; dann aus der Pfanne nehmen und warm stellen.
Inzwischen die Paprikaschote entkernen und sehr fein hacken, ebenso die Chilischote. Im Bratfett der Fischfilets die feingehackte Paprikaschote, die gehackte Zwiebel und die feingehackte Chilischote einige Minuten anlaufen lassen. Den Wein und den Limettensaft zugießen, das Currypulver zufügen, salzen und dann die in Stücke geschnittene Banane zugeben. Das Ganze 5–6 Minuten köcheln lassen, bis die Banane zerfallen ist.
Die Fischfilets mit der ungebratenen Seite nach oben in die Sauce legen, mit den Semmelbröseln und mit Butterflöckchen bestreuen und unter dem vorgeheizten Grill noch 4–6 Minuten garen, bis die Oberfläche hellbraun ist.

Chardonnay

Gebackene Dorade

Gebackene Fische, in Portionsgröße in der Pfanne gegart, sind ein ganz besonderer Genuß, und dafür eignen sich fast alle Fischarten: die im Rezept verwendeten kleinen Doraden (Goldbrassen), aber auch Rotbarben, Plattfische wie Flunder oder Scholle und natürlich auch Süßwasserfische wie Forellen, Barsche oder Felchen.
Die Panade aus Mehl, Ei und Semmelbröseln (oder auch Getreideschrot oder Mandeln) ist gleichsam eine schützende Hülle um das Fischfleisch. Es behält dadurch seinen ganzen Wohlgeschmack und bleibt saftig. Auf diese Art vorbereitete Fische lassen sich natürlich auch im schwimmenden Fett fritieren (siehe auch Seite 86). Fritieren ist sogar viel einfacher, denn beim Backen in der Pfanne muß man sehr sorgfältig zu Werke gehen, damit die schützende Hülle nicht aufreißt. Wer jedoch keine Friteuse sein eigen nennt oder nicht jedes Mal eine große Fettmenge deswegen erhitzen will, wird die Pfannenmethode vorziehen. Das Ergebnis ist vielleicht äußerlich nicht immer so ansprechend wie beim Fritieren von Fisch, weil die Panande in der Pfanne nicht ganz gleichmäßig braun wird, doch qualitativ ist es ungleich besser.

Zutaten für 4 Portionen:

4 Doraden von je 300–400 g
Salz
frisch gemahlener Pfeffer
4 hauchdünne Zitronenscheiben
frische Petersilie
1 Eßl. Kapern

Zum Panieren:

Mehl · 1 Ei · Semmelbrösel

Zum Braten:

6 Eßl. feines Pflanzenöl
60 g Butter

Vorbereitungszeit: 40 Minuten
Bratzeit: etwa 10 Minuten

Die Doraden schuppen und ausnehmen (siehe Seite 20). Die Flossen mit der Schere abschneiden. Die Fische unter fließendem Wasser sorgfältig waschen und mit Küchenkrepp innen und außen trockentupfen. Mit Salz und Pfeffer würzen. Von den Zitronenscheiben die Schale abschneiden. Die Scheiben mit Petersilie und Kapern in die Bauchhöhlen der Fische füllen und die Öffnungen mit einem Baumwollfaden zunähen. Die Fische in Mehl wälzen, dann durch das verrührte Ei ziehen, anschließend mit Semmelbröseln panieren, dabei die Panade kräftig andrücken.
Das Öl in einer entsprechend großen Pfanne erhitzen und die Fische darin bei Mittelhitze auf jeder Seite etwa 2 Minuten braten. Das Öl abschütten und die Butter in kleinen Stückchen über die Fische verteilen. Diese weitere 4–5 Minuten von beiden Seiten bei ganz milder Hitze braten.
Die Verwendung von Öl und Butter nacheinander erscheint vielleicht etwas umständlich und aufwendig, doch das Ergebnis ist von höchster Qualität. Das Braten von beiden Seiten im Öl gibt der Panade eine gewisse Festigkeit und gleichmäßige Anfangsbräune. Das langsame Fertigbraten in Butter aber verleiht dem Fisch einen so unvergleichlich guten Geschmack, wie man ihn allein mit Öl nie erreichen könnte.
Gebackene Portionsfische können mit verschiedensten Beilagen serviert werden, zum Beispiel mit einem Kartoffelsalat, angemacht mit Vinaigrette, mit Petersilienkartoffeln oder auch ganz schlicht mit frischem Weißbrot.

Karpfen nach Elsässer Art

Fisch und Sauerkraut scheint sicher eine etwas ungewöhnliche Zusammenstellung zu sein, aber das originelle Gericht schmeckt interessant. Das kräftig schmeckende Fleisch des Karpfens eignet sich dafür besonders gut.

Zutaten für 4 Portionen:
1 ausgenommener Karpfen
von 1200 g
Für den Sud:
50 g Karotten/Möhren
50 g Knollensellerie
½ Zwiebel
1 Stück Petersilienwurzel
½ Lorbeerblatt
½ Teel. Salz
einige Pfefferkörner
Für das Sauerkraut:
30 g Zwiebel
50 g durchwachsener
Räucherspeck
500 g Sauerkraut
⅛ l trockener Weißwein
4–5 Wacholderbeeren
1 Lorbeerblatt
eventuell Salz
Außerdem:
Salz
Mehl zum Wenden
1 Ei
100 g Semmelbrösel
6 Eßl. feines Pflanzenöl
50 g Butter
Für die Sauce:
½ l Fischfond
(aus den Karpfenresten)
½ Eßl. gehackte Estragonblätter
⅛ l Sahne
etwas Salz und
frisch gemahlener Pfeffer
Zum Garnieren:
eventuell Zitronenschnitze

Vorbereitungszeit: 40 Minuten
Garzeit für den Fond: 1 Stunde
Garzeit für Sauerkraut und Fisch insgesamt: etwa 20 Minuten

Die Bauchhöhle des Karpfens unter fließendem Wasser gründlich auswaschen. Den Karpfen schuppen (mit der stumpfen Seite des Messers vom Schwanz zum Kopf) und das Mittelteil dann in 4 oder 8 möglichst gleichdicke Koteletts schneiden, je nachdem, ob man pro Person zwei dünnere Scheiben oder eine dickere servieren möchte.

Den Rest des Karpfens (Kopf einmal teilen) in einen entsprechend großen Topf geben und mit Wasser bedecken. Die Karotten, den Sellerie, die Zwiebel und die Petersilienwurzel putzen beziehungsweise schälen, in kleine Stücke schneiden und mit dem Lorbeerblatt, dem Salz sowie einigen Pfefferkörnern darübergeben. Alles einmal aufkochen und dann etwa 1 Stunde langsam köcheln lassen. Diesen Fischsud dann durch ein Haarsieb gießen. ½ Liter dieser Flüssigkeit für die Sauce langsam auf ⅛ Liter einkochen lassen.

Für das Sauerkraut die Zwiebel schälen und feinhacken. Den Speck würfeln. Beides in einer Kasserolle bei milder Hitze glasig werden lassen. Das Sauerkraut darübergeben, mit dem Weißwein aufgießen. Die Wacholderbeeren und das Lorbeerblatt zufügen. Nur wenn nötig salzen. Das Kraut 15–20 Minuten dünsten.

Die Karpfenscheiben leicht salzen, in Mehl wenden, durch das verrührte Ei ziehen und dann mit den Semmelbröseln panieren, dabei die Brösel gut andrücken, damit eine lückenlose Hülle entsteht. Das Öl in einer entsprechend großen Pfanne erhitzen und die Karpfenscheiben hineinlegen. Von der ersten Seite etwa 2 Minuten bei guter Hitze braten, dann wenden und von der zweiten Seite ebenfalls 2 Minuten braten. Dann das Öl abgießen und die Butter in Flöckchen zugeben. Dieser Wechsel von Öl zur Butter ergibt einen feineren Geschmack. Die Karpfenscheiben jeweils von beiden Seiten weitere 3–4 Minuten in der Butter braten. Im eingekochten, heißen Fischfond die feingehackten Estragonblätter 3–4 Minuten ziehen lassen (ohne zu kochen). Die Sahne halbsteif schlagen und unter die Sauce rühren. Mit Salz und etwas frisch gemahlenem Pfeffer würzen.

Die Karpfenscheiben mit dem Sauerkraut und eventuell mit Zitronenschnitzen anrichten. Mit der Estragonsauce servieren. Die Sauce ist eine sehr delikate Beigabe zu diesem Fischgericht.

Dazu passen Petersilienkartoffeln und ein kühles Bier.

Burgunderkarpfen aus dem Ofen

Fische aus dem Backofen enttäuschen eigentlich nie, wenn das Verhältnis von Fisch und Fett oder auch Fisch und Flüssigkeit ausgewogen ist. Beim folgenden Rezept ist nur wichtig, daß der Karpfen nicht »moosig« schmeckt, das heißt, er muß möglichst einige Tage in fließendem Wasser gehalten worden sein.

Zutaten für 4 Portionen:
1 ausgenommener Karpfen
von etwa 1200 g
Für die Marinade:
½ Teel. Salz
etwas frisch gemahlener Pfeffer
½ Lorbeerblatt
½ Teel. getrockneter Thymian
Saft von ½ Zitrone
⅜ l Burgunder Rotwein
Außerdem:
50 g Schalotten
3 Eßl. feines Pflanzenöl
250 g Zucchini
etwas Salz und
frisch gemahlener Pfeffer
50 g Semmelbrösel
50 g Butter

Marinierzeit: mindestens 2–3 Stunden
Vorbereitungszeit: 20 Minuten
Backzeit: etwa 40 Minuten

Den Karpfen eventuell schuppen, unter fließendem Wasser gründlich waschen (dabei spielt es keine Rolle, wenn von der äußeren Schleimschicht etwas verlorengeht, da er ja nicht »blau« zubereitet wird). Den Fisch in 4 oder 5 Teile schneiden, diese in eine große Schüssel geben. Mit dem Salz, dem Pfeffer, dem zerdrückten Lorbeerblatt, dem Thymian, dem Zitronensaft und dem Wein mischen. Zugedeckt mindestens 2–3 Stunden ziehen lassen.
Die Schalotten schälen und sehr fein hacken. In einer entsprechend großen Auflaufform das Öl erhitzen, die gehackten Schalotten darin hell anlaufen lassen (sie dürfen nicht braun werden). Die Zucchini unter kaltem Wasser abbürsten, die Stiele abschneiden und die Zucchini in dünne Scheiben schneiden. In die Auflaufform legen und mit wenig Salz und Pfeffer würzen. Auf dem Herd erhitzen, bis das Fett zu brodeln beginnt. Dann die Karpfenscheiben aus der Beizflüssigkeit nehmen. Die Scheiben in der ursprünglichen Reihenfolge zusammengesetzt in die Auflaufform legen. Mit der Beize übergießen. Die Semmelbrösel darüberstreuen. Auf der unteren Schiene in den auf 220° vorgeheizten Backofen schieben. Die Butter schmelzen. Nach etwa 10 Minuten die Form herausnehmen und die Karpfenstücke mit zerlassener Butter bestreichen. Den Fisch weitere 10 Minuten backen. Mit der restlichen Butter bestreichen und noch etwa 20 Minuten im Ofen garen. Dazu passen Salzkartoffeln oder geröstetes, mit Knoblauch und Kräutern gewürztes Weißbrot.

Fenchelmakrele

Ohne Abbildung

Zutaten für 4 Portionen:
4 ausgenommene kleine
Makrelen (je 300–400 g)
Salz und
frisch gemahlener Pfeffer
2 Fenchelknollen (etwa 400 g)
200 g Tomaten
3 Eßl. feines Pflanzenöl
1 Eßl. gehackte Petersilie
¼ l trockener Weißwein
3–4 Eßl. Semmelbrösel
40 g Butter

Vorbereitungszeit: 30 Minuten
Garzeit: 25–30 Minuten

Die Makrelen unter fließendem Wasser gründlich waschen, trokkentupfen, salzen und pfeffern. Die Fenchelknollen putzen und in dünne Scheiben schneiden. Die Tomaten brühen, von Haut und Kernen befreien und in Würfel schneiden.
Das Öl in einer entsprechend großen Form erhitzen und darin die Fenchelscheiben und die Tomatenwürfel 5–6 Minuten auf dem Herd andünsten. Dann mit der Petersilie bestreuen und mit ½ Teelöffel Salz würzen. Mit dem Weißwein übergießen. Die Makrelen daraufgeben, mit den Semmelbröseln bestreuen und mit Butterflöckchen belegen. Im auf 200° vorgeheizten Backofen (Mittelschiene) 25–30 Minuten garen.

GEVREY-CHAMBERTIN

Gefüllte Flußbarsche provençale

Im Bild vorne

Zutaten für 1 Portion:
1 Schleie von 450 g
(ausgenommen etwa 350 g)
etwas Salz
frisch gemahlener Pfeffer
Für die Füllung:
25 g Weißbrot ohne Rinde
4 Eßl. Milch
1 Eßl. grobgehackte Petersilie
1 Eßl. feingehackte Zwiebel
1 Prise Salz
frisch gemahlener Pfeffer
Für die Pfanne:
2–3 Eßl. Olivenöl
½ Knoblauchzehe
1 Eßl. feingehackte Zwiebel
1 Teel. gehackte Salbeiblätter
einige gehackte Rosmarinnadeln
1 Teel. gehackte Petersilie
½ Teel. abgeriebene Zitronenschale (Schale unbehandelt)
3–4 schwarze Oliven

Vorbereitungszeit: 40 Minuten
Garzeit: etwa 20 Minuten

Die Schleie mit einem scharfen, spitzen Messer am Bauch ein Stück der Länge nach aufschneiden, ausnehmen, schuppen (siehe Seite 20), gründlich waschen und mit Küchenkrepp trockentupfen. Den Fisch auf beiden Seiten in Abständen von etwa 1 cm einschneiden, damit er schneller und gleichmäßiger gart und der Geschmack der Gewürze besser eindringen kann. Mit Salz und Pfeffer leicht würzen.
Nun für die Füllung das Weißbrot in der Milch aufweichen, gut ausdrücken, in eine Schüssel geben und 1 Eßlöffel gehackte Petersilie, 1 Eßlöffel grobgehackte Zwiebel, das Salz und etwas Pfeffer hinzufügen; alles gut mischen. Den Fisch innen salzen. Mit einem Löffel die Füllung hineingeben. Die Bauchöffnung mit weißem Küchenzwirn zunähen.
In einer entsprechend großen, länglichen Kasserolle das Öl erhitzen und die zerdrückte Knoblauchzehe sowie die feingehackte Zwiebel zugeben. Den Fisch hineinlegen und auf dem Herd bei guter Hitze etwa 1 Minute anbraten. Dann den Fisch wenden und mit den gehackten Kräutern, der Zitronenschale sowie den Oliven bestreuen. Die gefüllte Schleie auf der Mittelschiene in den auf 200° vorgeheizten Backofen schieben und 20 Minuten garen.
Dazu passen Salzkartoffeln oder frisches, knuspriges Weißbrot.

Flußbarsche im Gemüsebett

Im Bild hinten

Zutaten für 1 Portion:
1 Schleie von 450 g · Salz
frisch gemahlener Pfeffer
40 g Zucchini
40 g Lauch/Porree
40 g Stangensellerie/Bleichsellerie
30 g Karotten/Möhren
40 g Zwiebel · 2 Eßl. Öl
⅛ l trockener Weißwein
25 g Butter

Vorbereitungszeit: 40 Minuten
Garzeit: etwa 20 Minuten

Die Schleie, wie nebenstehend beschrieben, ausnehmen, schuppen, waschen und trockentupfen. Die Flossen mit der Küchenschere abschneiden. Den Fisch innen und außen sparsam mit Salz und Pfeffer würzen. Das Zucchinistück unter fließendem Wasser abbürsten und in feine Stifte schneiden. Das übrige Gemüse putzen und in kleine Stücke schneiden. Die Zwiebel schälen und in Ringe schneiden. In einer Pfanne das Öl erhitzen. Die Zwiebelringe kurz anlaufen lassen und das Gemüse zugeben. Den Fisch darauflegen, mit dem Weißwein übergießen und im vorgeheizten Backofen auf der Mittelschiene bei 200° etwa 10 Minuten garen. Mit Butterflöckchen belegen und weitere 10 Minuten fertig garen.

-Deux-Mers

Bretonische Doraden

Es gibt Fischgerichte, die schmekken eigentlich nur richtig gut, wenn sie aus ganz kleinen Fischen zubereitet werden. Also ist es durchaus nicht immer gleichgültig, ob man statt 4 kleiner Fische einen großen verwendet, wie das folgende Rezept zeigt. Kleine Fische haben eine extrem kurze Garzeit und ermöglichen dadurch andere Zutaten und Zubereitungsweisen. Allerdings machen sie auch etwas mehr Arbeit, denn die Vorbereitung ist schon mühsamer. Jedoch wird man für diese Mehrarbeit mit einem zarten, vorzüglichen Geschmack entschädigt.

Zutaten für 4 Portionen:
8 kleine Doraden oder rote
Meerbarben von je 100 g
etwas Salz und
frisch gemahlener Pfeffer
1 Bund Petersilie
2 Eßl. feines Olivenöl
3 Eßl. feingehackte Schalotten
3 Eßl. Semmelbrösel
005Knoblauchzehe
4 Sardellenfilets (Anchovis)
½ Eßl. Kapern
2 Eßl. Tomatenmark
2 Eßl. gehackte Kräuter
(Petersilie, Thymian, Basilikum,
Salbei und ein wenig Rosmarin)
30 g Butter

Zubereitungszeit: 40–50 Minuten

Wenn sie nicht schon vom Fischhändler vorbereitet wurden, die kleinen Fische ausnehmen, schuppen (siehe Seite 20) und unter fließendem Wasser sorgfältig waschen. Die Flossen abschneiden. Die Fische mit Küchenkrepp trockentupfen, innen und außen ganz leicht salzen und mit Pfeffer bestreuen. In die Bauchhöhle jedes Fisches 1 kleinen Petersilienzweig legen.
Das Olivenöl in einer großen Form erhitzen und die sehr fein gehackten Schalotten darin hell anlaufen lassen. Die Hälfte der Schalotten herausnehmen, mit den Semmelbröseln mischen und beiseite stellen. Die Knoblauchzehe schälen und zerdrücken. Die Sardellenfilets feinhacken, die Kapern grobhacken. Zu den restlichen Schalotten in der Form das Tomatenmark und die zerdrückte Knoblauchzehe geben, dazu die feingehackten Sardellenfilets, die grobgehackten Kapern, etwas Salz und die Kräuter. Alles zusammen unter Rühren etwa 2 Minuten erhitzen. Die Fische in die Form legen, mit der Semmelbrösel-Schalotten-Mischung und zum Schluß mit Butterflöckchen bestreuen. Die Form auf der Mittelschiene in den auf 220° vorgeheizten Backofen schieben und die Doraden 12–15 Minuten garen.
Serviert werden die Doraden am besten mit einem frischen Salat und knusprigem Weißbrot.

Variante: Rougets mit Miesmuscheln

Dieses Rezept ist eine Variante und zugleich eine Steigerung. Verwendet werden 8 Rougets von je 80–100 g, also die kleinen roten Meerbarben, und 200 g gekochtes Miesmuschelfleisch (zum Kochen von Miesmuscheln siehe Seite 12). Die übrigen Zutaten sind identisch mit dem nebenstehenden Rezept und auch weitgehend die Zubereitung.
Die Fische vorbereiten, füllen und dann die Sauce zubereiten. Die Fische darauflegen und zunächst 5–6 Minuten ohne Semmelbrösel im vorgeheizten Backofen garen. Dann herausnehmen, die Miesmuscheln dazwischenstreuen und das Ganze mit den Semmelbröseln sowie den Butterflöckchen überstreuen. In weiteren 8–10 Minuten fertig garen.

Florentiner Fischfilet

Zutaten für 4 Portionen:
500 g frischer Spinat
20 g Butter
3 Eßl. Sahne
Salz
¼ Teel. frisch gemahlener
weißer Pfeffer
1 Messerspitze geriebene
Muskatnuß
Butter für die Form
200 g mittelgroße Tomaten
100 g Frühlingszwiebeln
2 Fischfilets (Kabeljau)
von je 150–200 g
etwas Zitronensaft
Für die Sauce:
20 g Butter
20 g Mehl
¼ l lauwarme Milch
100 g mittelalter Goudakäse
1 Eigelb
etwas Salz

Vorbereitungszeit: 40 Minuten
Garzeit: 35 Minuten

Den Spinat waschen, verlesen, kurz in kochendem Wasser blanchieren und auf einem Sieb abtropfen lassen. Die Butter und die Sahne erwärmen, den Spinat, 1 Teelöffel Salz, den Pfeffer und die Muskatnuß dazugeben und vermengen.
Den Spinat in eine ausgefettete feuerfeste Form geben. Die Tomaten kreuzweise einritzen, kurz in kochendes Wasser halten und die Haut abziehen. Die Tomaten in Scheiben schneiden. Die Frühlingszwiebeln putzen, die festen grünen Blätter entfernen und das Weiße in feine Ringe schneiden. Die Tomatenscheiben mit den Zwiebelringen auf dem Spinat verteilen. Das Fischfilet mit etwas Zitronensaft beträufeln, mit Salz bestreuen und dann auf das Gemüse legen. Die Form mit Alufolie abdecken und in den auf 200° vorgeheizten Backofen schieben. Auf mittlerer Schiene 25 Minuten garen lassen.
Für die Käsesauce die Butter und das Mehl hellgelb anlaufen lassen. Die lauwarme Milch zugießen und mit dem Schneebesen kräftig verrühren. Die Sauce auf kleiner Hitze einige Minuten kochen lassen. Den Käse reiben und in die Sauce rühren. Mit dem Eigelb legieren und mit etwas Salz abschmecken.
Den Fisch aus dem Ofen nehmen, die Sauce darübergießen und das Ganze, nicht mehr abgedeckt, noch 10 Minuten im Ofen überbacken.

Tomatenfisch

Ohne Abbildung

Zutaten für 4 Portionen:
60 g Zwiebel
1 Knoblauchzehe
100 g Stangensellerie/
Bleichsellerie
50 g Butter
400 g Tomaten
600 g Goldbarsch- oder
Kabeljaufilet
½ Teel. Salz
etwas frisch gemahlener Pfeffer
1 Teel. edelsüßes Paprikapulver
1 Eßl. gehackte Petersilie

Vorbereitungszeit: etwa 30 Minuten
Garzeit: 25–30 Minuten

Die Zwiebel schälen und feinhakken. Die Knoblauchzehe schälen und zerdrücken. Den Stangensellerie putzen und ebenfalls feinhacken. Die Butter in einer entsprechend großen Auflaufform zerlaufen lassen. Die gehackte Zwiebel, den zerdrückten Knoblauch und den feingehackten Sellerie darin hell anschwitzen. Die Tomaten kreuzweise einritzen, in kochendem Wasser blanchieren, die Haut abziehen und die Tomaten in Scheiben schneiden. Die Fischfilets trockentupfen und auf der Arbeitsfläche ausbreiten, mit dem Salz, etwas Pfeffer, dem Paprikapulver und der Petersilie bestreuen. Die Filets in die Auflaufform schichten und mit den Tomatenscheiben belegen. Die Form mit gefettetem Pergamentpapier abdecken. Den Tomatenfisch im vorgeheizten Backofen bei 200° auf der Mittelschiene 25–30 Minuten garen.

Zander im Teigmantel

Bild Seite 54/55

Ein Fisch, unter einer knusprigbraunen Teigkruste versteckt, ergibt nicht nur ein sehr attraktives Gericht, sondern so zubereitet bleibt auch sein Geschmack konzentriert erhalten. Wenn man ihn darüber hinaus noch mit einer würzigen Farce füllt, ist die Delikatesse perfekt.
Für ein solches Festessen wird man natürlich nur sehr edle See- oder Süßwasserfische verwenden. Für das feine Fleisch eines Zanders lohnt sich die Mühe. Er wird noch mit einer raffinierten Farce aus Artischockenböden gefüllt, die außerordentlich gut mit dem Geschmack dieses Fisches harmoniert.
Für die Teigkruste nimmt man am einfachsten Tiefkühl-Blätterteig, der eine schöne goldbraune Kruste ergibt und etwa die gleiche Garzeit hat wie der Fisch. Sie können aber auch einen gesalzenen Mürbteig verwenden. Dieser muß jedoch dünn ausgerollt werden, damit er auch vollständig durchbäckt.

Zutaten für 4 Portionen:
1 Zander von etwa 1500 g
etwas Salz
1 mittelgroße Peperoni
½ Limette oder Zitrone
Für die Füllung:
50 g Schalotten
2 Eßl. feines Pflanzenöl
4–8 frische Artischockenböden (zusammen etwa 100 g)
2 Eßl. Weißwein
1 Eigelb
etwas Salz
frisch gemahlener Pfeffer
etwas abgeriebene Zitronenschale (Schale unbehandelt)
1 Teel. gehackte Petersilie
1 Teel. feingeschnittener Dill
4 Eßl. steife Schlagsahne
einige Dillzweige
Außerdem:
600 g tiefgefrorener Blätterteig
1 Eigelb
80 g Butter

Vorbereitungszeit: 2–3 Stunden
Backzeit: 45–50 Minuten

Den Zander von der Bauchseite her ausnehmen, unter fließendem Wasser gründlich waschen und mit Küchenkrepp trockentupfen. Die Rücken- und Seitenflossen abschneiden. Den Fisch von allen Seiten leicht salzen. Die Peperoni halbieren und entkernen. In die halben Schoten den Limetten- oder Zitronensaft träufeln und einige Minuten darin lassen; der Saft entzieht der Peperoni die Schärfe, die zusammen mit der Säure eine hervorragende Würze ergibt. Mit dem Würzsaft die Bauchhöhle des Zanders ausreiben.
Den Blätterteig nach Vorschrift auftauen lassen.
Für die Füllung die Schalotten schälen und sehr fein hacken. Das Öl in einer Kasserolle erhitzen. Die Schalotten darin hell anschwitzen. Die Artischockenböden grobwürfeln und in die Kasserolle geben. Mit dem Wein aufgießen. Die Artischockenböden bei geringer Hitze in 5–6 Minuten langsam gar dünsten. Dann mit einer Gabel zerdrücken und durch ein Sieb streichen oder in der Küchenmaschine pürieren. Das Eigelb darunterrühren. Die Mischung mit Salz, Pfeffer, der Zitronenschale und den Kräutern würzen und vollständig abkühlen lassen. Die Schüssel mit der Füllung in eine mit Eiswürfeln gefüllte größere Schüssel setzen und kräftig durchrühren. Die Sahne in kleinen Portionen darunterrühren.
Den Zander mit der Artischockenmasse füllen. Zum Schluß auf die Bauchöffnung die Dillzweige legen. Den Blätterteig auf einer bemehlten Arbeitsfläche ausrollen – etwa doppelt so groß wie den Fisch. Den gefüllten Zander auf die eine Hälfte des Teiges legen. Die Ränder mit verquirltem Eigelb bestreichen. Die andere Teighälfte darüberklappen. Den reichlich überstehenden Teig abschneiden und die Teigränder kräftig zusammendrücken. Die Ränder von unten nochmals mit Ei bestreichen und auf die Unterseite des Fisches drücken, so daß er vollständig eingehüllt ist und sich seine Form gut abzeichnet. Den Fisch auf ein mit Wasser abgespültes Backblech legen.
Die Teigreste zusammendrücken, zu einer Kugel formen und

5–10 Minuten ruhen lassen. Dann den Teig dünn ausrollen und daraus Flossen, Augen und Schuppen formen, um eine möglichst große Ähnlichkeit mit einem echten Fisch zu erzielen. Den ganzen eingehüllten Fisch mit Eigelb bestreichen. Die Schwanzflosse mit einem Messerrücken eindrücken. Für die Schuppen Plättchen von etwa 1½ cm Durchmesser ausstechen und »schuppenartig« vom Schwanz zum Kopf hin aufkleben; das ist etwas mühsam, macht den Fisch aber besonders »echt«. Augen und Kopf aus Teig formen und garnieren. Die Flossen aus Teig schneiden und mit Eigelb ankleben.
Den Backofen auf 220° vorheizen. Den Fisch bei dieser Hitze 5–10 Minuten auf der unteren Schiene backen und leicht bräunen lassen. Die Temperatur dann auf 180° zurückschalten und den Fisch weitere 40 Minuten backen. Dabei ab und zu kontrollieren und, falls die Oberfläche zu rasch bräunen sollte, mit Alufolie oder Pergamentpapier abdecken.
Den gebackenen Fisch auf eine Platte gleiten lassen oder in Portionen teilen und auf vier Tellern anrichten. Die Butter erwärmen, nur ganz leicht bräunen lassen und zum Fisch servieren.
Als Gemüse passen junge Erbsenschoten besonders gut dazu.

Seewolf mit Garnelenfüllung

Ohne Abbildung

Zutaten für 4 Portionen:
1 ausgenommener Seewolf
(Loup de Mer) von etwa 1500 g
etwas Salz
frisch gemahlener Pfeffer
Für die Füllung:
1 Scheibe Weißbrot ohne Rinde
(etwa 20 g)
einige Tropfen Cognac
6 cl trockener Weißwein
40 g Schalotten oder Zwiebel
80 g geschälte Garnelen,
möglichst kleine Tiefseegarnelen
30 g Butter
etwas Salz
1 Eßl. gehackte gemischte
Kräuter (Petersilie, Estragon,
Melisse und Dill)
Außerdem:
600 g tiefgefrorener Blätterteig
1 Eigelb
80 g Butter

Vorbereitungszeit: 2–3 Stunden
Backzeit: 45–50 Minuten

Von dem ausgenommenen Seewolf die Rücken- und Seitenflossen abschneiden. Den Fisch unter fließendem Wasser gründlich waschen und mit Küchenkrepp trokkentupfen. Den Fisch innen mit Salz und Pfeffer würzen.
Für die Füllung das Weißbrot in eine Schüssel geben, mit dem Cognac beträufeln, mit dem Wein übergießen und weichen lassen. Die Schalotten oder die Zwiebel schälen und feinhacken. Die Garnelen in kleine Stücke schneiden oder grobhacken. Die Butter in einer Pfanne zerlassen. Die Schalotten oder die Zwiebel darin hell anschwitzen. Die Garnelen zugeben und einige Minuten dünsten. Das zerpflückte Weißbrot sowie Salz und die Kräuter zufügen und alles wieder einige Minuten dünsten. Etwas abkühlen lassen. Den Seewolf mit der Masse füllen.
Den Fisch weiter verarbeiten wie den Zander im nebenstehenden Rezept; auch die Garzeit ist etwa identisch.
Den Seewolf im Teigmantel ebenfalls mit flüssiger Butter servieren.

Baron

Gefüllte Rotbarbe mit Garnelen

Das folgende Rezept läßt sich auch mit anderen, sogar mit Süßwasserfischen zubereiten.

Zutaten für 4 Portionen:
4 ausgenommene Rotbarben von je 300–400 g
Salz
Für die Füllung:
30 g Butter
2 Eßl. gehackte Schalotten oder Zwiebeln
150 g Mangold- oder Spinatblätter
2 Eßl. Weißwein
etwas Salz und frisch gemahlener Pfeffer
Für die Form:
400 g Tomaten
60 g Schalotten
1 Knoblauchzehe · ½ Peperoni
3 Eßl. feines Pflanzenöl
200 g gekochte, geschälte Garnelen
1 Eßl. gehackte Basilikumblätter

Vorbereitungszeit: 50 Minuten
Garzeit: 15–20 Minuten

Die Rotbarben schuppen, dann unter fließendem Wasser innen und außen waschen und gut abtrocknen. Die Fische innen leicht salzen.
Die Butter zerlassen. Die Schalotten oder Zwiebeln darin hell anschwitzen. Die Mangold- oder Spinatblätter waschen, verlesen, grobhacken, zu den Schalotten geben und 1–2 Minuten dünsten. Den Wein zugießen, alles mit Salz und Pfeffer würzen und 2–3 Minuten weiterdünsten. Die Fische mit dem Gemüse füllen und mit Holzspießchen verschließen.
Die Tomaten in kochendem Wasser kurz blanchieren, abziehen, von den Kernen befreien und würfeln. Die Schalotten schälen und hacken. Die Knoblauchzehe schälen und zerdrücken. Die Peperoni entkernen und feinhacken. In einer entsprechend großen Form das Pflanzenöl auf dem Herd erhitzen. Die Schalotten, den Knoblauch und die Peperoni darin hell anschwitzen. Die Fische hineinlegen und 2 Minuten anbraten. Die Form vom Herd nehmen, die Fische wenden und die Tomatenwürfel in der Form verteilen. Die Fische im vorgeheizten Backofen (Mittelschiene) bei 200° 15–20 Minuten garen. Zwischendurch mit dem Bratenfond beträufeln. 5 Minuten vor Ende der Garzeit die Garnelen zugeben und mit dem Basilikum bestreuen.

Rotbarbe mit Artischocken

Ohne Abbildung

Zutaten für 4 Portionen:
4 ausgenommene Rotbarben von je 300–400 g
Salz
frisch gemahlener Pfeffer
12 mittelgroße frische Artischocken
200 g Tomaten
50 g Zwiebel
4 Eßl. feines Pflanzenöl
4 Eßl. Weißwein · ⅛ l Sahne
2 Eßl. gehackte Kräuter (Dill, Petersilie, Thymian und Basilikum)

Vorbereitungszeit: 50 Minuten
Garzeit: etwa 20 Minuten

Die Rotbarben wie im nebenstehenden Rezept vorbereiten, dann leicht salzen und pfeffern.
Die Artischocken von Stiel und Blättern befreien und das Herz herausschneiden. Die Herzen vierteln und in Salzwasser 3–4 Minuten kochen, dann abseihen und erkalten lassen. Die Tomaten kurz blanchieren, abziehen, von den Kernen befreien und würfeln. Die Zwiebel schälen und hacken. In einer entsprechend großen Form das Öl erhitzen. Die Zwiebel darin hell anlaufen lassen. Die Fische hineinlegen und etwa 2 Minuten auf dem Herd anbraten. Die Form vom Herd nehmen. Die Fische wenden und die Artischokkenviertel sowie die Tomatenwürfel zugeben. Mit etwas Salz und Pfeffer würzen, mit dem Wein übergießen und im vorgeheizten Backofen bei 200° auf der Mittelschiene etwa 10 Minuten garen. Dann die Sahne darübergießen und alles mit den Kräutern bestreuen. Die Rotbarben in 10 Minuten fertig garen.

Gefüllte Sardinen

Inzwischen kann man auch frische Sardinen, wie andere Fischarten südlicher Regionen, bei uns in guten Fischgeschäften kaufen. Sie sind für die Fischküche eine echte Bereicherung. Das folgende Rezept ist in Südfrankreich und Spanien gleichermaßen beliebt.

Zutaten für 4 Portionen:
1200 g frische Sardinen
(etwa 20 Stück)
etwas Salz
50 g Zwiebel
1 Knoblauchzehe
250 g Spinat, geputzt gewogen
2 Eßl. feines Pflanzenöl
3 Eßl. Weißwein
½ Teel. Salz
etwas frisch gemahlener Pfeffer
50 g Pinienkerne
50 g Butter
50 g Semmelbrösel

Vorbereitungszeit: 60 Minuten
Garzeit: 12–15 Minuten

Die Sardinen mit einer kleinen Schere aufschneiden, ausnehmen und den Kopf abschneiden. An der Schnittstelle das Rückgrat mit Daumen und Zeigefinger anfassen, mit der anderen Hand die Sardine festhalten; dann das Rückgrat langsam herausziehen. Die Sardinen auf der Arbeitsfläche mit der Haut nach unten ausbreiten. Die Zwiebel schälen und würfeln. Die Knoblauchzehe schälen und zerdrücken. Den Spinat putzen, verlesen, waschen und abtropfen lassen.
Das Öl in einer entsprechend großen Kasserolle erhitzen. Die Zwiebelwürfel und den Knoblauch darin hell anlaufen lassen. Den Spinat zugeben, den Wein angießen, mit dem Salz und Pfeffer würzen. Den Spinat dann zugedeckt 4–5 Minuten dünsten. Die Pinienkerne grobhacken und unter den Spinat mischen.
Die Sardinen ganz leicht salzen und den Spinat darauf verteilen. Die Fische von der Schnittstelle angefangen so aufrollen, daß der Schwanz oben zu liegen kommt. Die Hälfte der Butter in einer Kasserolle zerlaufen lassen und die aufgerollten Sardinen hineinlegen. Mit den Semmelbröseln und mit Butterflöckchen bestreuen. Den Backofen auf 200° vorheizen. Die Sardinen auf der Mittelschiene einschieben und 12–15 Minuten garen.
Dazu schmeckt ganz frisches Weißbrot am besten.

Sarde a Beccafico

Ohne Abbildung

Für diese sizilianische Spezialität werden die Sardinen ebenso verarbeitet wie im vorangegangenen Rezept, nur die Füllung ist eine andere.

Zutaten für 4 Portionen:
1 kg frische Sardinen
Salz
1 Knoblauchzehe
3 Eßl. Olivenöl
1 Eßl. Zwiebelwürfel
2 Eßl. gehackte Petersilie
150 g Semmelbrösel
Salz
frisch gemahlener Pfeffer
50 g Pinienkerne
100 g frisch geriebener
Pecorinokäse
2 Eßl. Olivenöl für die Form

Vorbereitungszeit: 60 Minuten
Garzeit: 12–15 Minuten

Die Sardinen wie im nebenstehenden Rezept vorbereiten und ganz leicht salzen. Die Knoblauchzehe schälen und zerdrücken.
Das Olivenöl in einer Pfanne erhitzen. Die Zwiebelwürfel und die Knoblauchzehe darin anlaufen lassen. 2 ausgenommene Sardinen ohne Schwanz hineinlegen und mit einer Gabel zerdrücken. Die Petersilie und Semmelbrösel zugeben. Mit Salz und Pfeffer würzen. Das Ganze 3–4 Minuten unter Rühren anrösten. Vom Herd nehmen. Die Pinienkerne grobhacken und mit dem Käse darunterrühren. Die Füllung auf die ausgebreiteten Sardinen verteilen und diese aufrollen. In einer entsprechenden Form das Öl erhitzen und die aufgerollten Sardinen hineinlegen. Im vorgeheizten Backofen bei 200° (Mittelschiene) 12–15 Minuten garen.

Meeräsche mit Lauch und Garnelen

Eine Zubereitungsart, die sich vor allem für Fische von Portionsgröße eignet oder für Exemplare von 600–700 g, die dann für 2 Personen ausreichen.

Zutaten für 2 Portionen:
1 ausgenommene Meeräsche von 600–700 g oder
1 Knurrhahn von gleicher Größe
Salz · frisch gemahlener Pfeffer
2 Eßl. gehackte Kräuter (Petersilie, Liebstöckel, Oregano und wenig Rosmarin)
½ scharfe Peperoni
Saft von ½ Zitrone oder Limette
150 g Lauch/Porree
40 g Butter
30 g Zwiebel
150 g gekochte, geschälte Tiefseegarnelen
⅛ l trockener Weißwein
etwas Salz und frisch gemahlener Pfeffer zum Nachwürzen

Vorbereitungszeit: 40 Minuten
Marinierzeit: etwa 60 Minuten
Garzeit: 20–25 Minuten

Die ausgenommene Meeräsche schuppen (siehe Seite 20) und die Flossen abschneiden. Den Fisch auf beiden Seiten mehrfach etwa 1 cm tief einschneiden (siehe Bild), damit er gleichmäßig gart. Dann innen und außen salzen, pfeffern und mit den feingehackten Kräutern bestreuen. Die Peperoni entkernen, ganz fein hakken und in der Bauchhöhle verteilen. Den Fisch mit dem Zitronen- oder Limettensaft beträufeln und, in Alufolie gewickelt, etwa 1 Stunde durchziehen lassen.
Den Lauch putzen, sorgfältig waschen und, wenn er sehr dünn ist, in 5–6 cm lange Stücke schneiden, dickeren Lauch in Scheiben schneiden. Die Zwiebel schälen und hacken. Die Butter in einer Kasserolle oder Pfanne zerlassen. Die Zwiebel darin hellgelb andünsten. Die Lauchstücke zugeben und unter öfterem Wenden 5–6 Minuten dünsten. Dann den gewürzten Fisch darauflegen. Garnelen zufügen. Den Fisch mit dem Wein übergießen. Den Topf oder die Pfanne in den auf 200° vorgeheizten Backofen (Mittelschiene) schieben. Den Fisch 20–25 Minuten garen. Zwischendurch mit dem Weinsud beschöpfen. Mit Salz und Pfeffer nachwürzen.
Mit frischem Weißbrot servieren.

Seewolf aus dem Backofen

Bild auf der Einband-Vorderseite

Zutaten für 2 Portionen:
1 Seewolf von etwa 600 g
Salz · frisch gemahlener Pfeffer
1 Teel. Limettensaft
50 g Zwiebel
½ Knoblauchzehe
3 Eßl. feinstes Pflanzenöl
1 Zucchino (etwa 120 g)
2 Tomaten (etwa 150 g)
1 Eßl. gehackte Kräuter (Petersilie, Basilikum und Schnittlauch)
2 Eßl. trockener Weißwein
120 g gekochte, geschälte Garnelen

Vorbereitungszeit: 40 Minuten
Garzeit: 20–25 Minuten

Den Seewolf ausnehmen, schuppen (siehe Seite 20) und die Flossen abschneiden. Den Fisch innen und außen salzen, leicht pfeffern und mit dem Limettensaft beträufeln. Die Zwiebel schälen und hacken. Die Knoblauchzehe schälen und zerdrücken.
In einer großen Form das Öl erhitzen. Die Zwiebel und den Knoblauch darin hell anschwitzen. Den Zucchino unter kaltem Wasser abbürsten, vom Stiel befreien und in dünne Scheiben schneiden. Zu den Zwiebeln geben und 2–3 Minuten mitdünsten. In der Zwischenzeit die Tomaten in kochendem Wasser blanchieren, die Haut abziehen und die Kerne entfernen. Das Fruchtfleisch in Stükke schneiden und in die Form geben. Den vorbereiteten Fisch auf beiden Seiten einschneiden und auf das Gemüse legen. Mit den gehackten Kräutern bestreuen und mit dem Wein übergießen. Die Garnelen zufügen. Auf die Mittelschiene in den auf 200° vorgeheizten Backofen schieben. Den Seewolf 20–25 Minuten garen.

Forellen-Kräuter-Terrine

Für Fischterrinen eignen sich Hecht, Forelle und Zander sowie Heilbutt, Steinbutt, Seewolf und Lotte am besten.

Zutaten für 6–8 Portionen:

400 g frisches Forellenfilet (etwa 700 g frische, ausgenommene Forellen)
2 Scheiben Toastbrot ohne Rinde
2 Eiweiße
2 Eßl. Sahne
½ Teel. Salz
etwas frisch gemahlener Pfeffer
je 1 Messerspitze gemahlener Ingwer und Piment
etwas abgeriebene Zitronenschale (Schale unbehandelt)
1 Teel. Zitronensaft
¼ l Sahne
2 Eßl. gehackte gemischte Kräuter (Petersilie, Kerbel, Melisse, Estragon, Pimpinelle und Dill)
200 g gekochte, geschälte Garnelen
30 g Butter für die Form

Für das Gelee:

3 Blatt weiße Gelatine
⅛ l trockener Weißwein
2 cl Sherry medium dry
einige Tropfen Cognac
Salz · frisch gemahlener Pfeffer
Kräuter nach Belieben (Petersilie, Dill, Pimpinelle, Estragon und winzige Rote-Bete-Scheiben)

Vorbereitungszeit: 2–3 Stunden
Kühlzeit: mindestens 2 Stunden
Garzeit: 40 Minuten

Die ausgenommenen Forellen unter fließendem Wasser innen und außen gut waschen und mit Küchenkrepp trockentupfen. Kopf, Schwanz und Flossen abschneiden. Mit einem scharfen Messer am Rückgrat entlang einschneiden und vorsichtig die Filets von den Gräten abheben. Die Filets zusätzlich noch mit der Pinzette von restlichen Gräten befreien, dann mit der Hautseite nach unten auf ein Küchenbrett legen. Mit dem Messer zwischen Haut und Fleisch ansetzen und die Filets in einem Zug ablösen.

Das Forellenfleisch in Stücke schneiden und in eine Schüssel geben. Das Toastbrot würfeln und über die Fischstücke streuen. 1 Eiweiß mit 2 Eßlöffeln Sahne, Salz, Pfeffer, dem Ingwer- und dem Pimentpulver, der Zitronenschale und dem -saft verrühren. Die Mischung über die Forellen- und Brotstücke gießen und im Kühlschrank mindestens 2 Stunden durchziehen lassen.

Die Fischmischung dann in kleinen Portionen (damit die Farce nicht zu warm wird) in der Küchenmaschine oder im Mixer pürieren. Nochmals kühlen und dann durch ein Haarsieb passieren. Die Farce wieder in den Kühlschrank stellen.

In der Zwischenzeit das zweite Eiweiß mit ¼ Liter Sahne steif schlagen und anschließend in kleinen Portionen unter die Fischfarce rühren. Dazu die Schüssel mit der Farce in eine größere Schüssel setzen, die mit Eis gefüllt ist. Die Masse halbieren. Unter eine Hälfte die Kräuter ziehen. Eine Terrinenform von 1 Liter Inhalt mit der Butter ausstreichen. Die Kräuterfarce in 2 Schichten einfüllen. Dabei jeweils gleichmäßig Garnelen dazwischenstreuen. Die restliche Farce ebenfalls mit eingestreuten Garnelen einfüllen und die Oberfläche glattstreichen. Die Terrine mit einem Deckel verschließen. Einen entsprechend großen Topf (in den die Terrine hineinpaßt) mit so viel Wasser füllen, daß die Terrine bis etwa 2 cm unter dem Rand im Wasserbad stehen kann.

Den Backofen auf 150° vorheizen. Den Topf hineinstellen und das Wasser auf 80° erhitzen. Wer kein Thermometer hat, sollte 20–30 Minuten warten, bevor die Terrine in das Wasserbad gestellt wird.

Die Terrine bei gleichbleibender Temperatur 40 Minuten garen. Im Wasserbad langsam erkalten lassen, dann herausnehmen und im Kühlschrank vollständig abkühlen lassen.

Die Gelatine in Wasser einweichen. Den Wein bis kurz vor dem Kochen erhitzen. Mit dem Sherry, dem Cognac, Salz und Pfeffer würzen. Die Gelatine darin auflösen. Die Oberfläche der kalten Terrine mit Kräutern garnieren und mit dem Gelee übergießen.

Zanderfilet auf Zucchinigemüse

Frischer Fisch und frisches Gemüse lassen sich vorzüglich kombinieren, vor allem während der Sommer- und Herbstmonate, wenn Süßwasserfische und Gemüse Saison haben. Man muß aber darauf achten, daß zu Fischen mit zartem Aroma wie Forelle, Saibling oder Zander auch ebensolche Gemüse gewählt werden. Zarte Karotten, Gurken oder Zucchini passen gut dazu und natürlich frischer Spargel.

Zutaten für 2 Portionen:
1 Zander (etwa 600 g)
50 g Karotten/Möhren
50 g Lauch/Porree
50 g Knollensellerie
20 g Petersilienwurzel
3/8 l Wasser
2 mittelgroße Zucchini
(etwa 350 g)
50 g Butter · ½ Teel. Salz
etwas frisch gemahlener Pfeffer
1 Teel. frische Thymianblättchen
6 cl trockener Weißwein
Für die Tomatenbeilage:
2 Tomaten (etwa 120 g)
1 Teel. Butter
etwas Salz und
frisch gemahlener Pfeffer

Zubereitungszeit: 40 Minuten

Den Zander ausnehmen, kurz unter fließendem Wasser waschen, filetieren und häuten (siehe Seite 20 und 23). Den Kopf, die Gräten und die Haut in kaltem Wasser gründlich auswaschen. Die Karotten, den Lauch, den Sellerie und die Petersilienwurzel putzen und waschen. Aus den Fischabfällen mit dem Wurzelgemüse und dem Wasser, wie auf Seite 9 beschrieben, einen Fischfond kochen. Die Brühe durch ein feines Sieb filtern und auf etwa ⅛ Liter einkochen lassen.
Die Zucchini kalt abwaschen, von den Stielen befreien und in dünne Scheiben schneiden. Die Hälfte der Butter in einer entsprechend großen Pfanne zerlaufen lassen. Die Zucchinischeiben hineingeben und 2–3 Minuten andünsten. Mit dem Salz und etwas Pfeffer würzen und die Thymianblättchen zufügen. Den Fischfond und den Weißwein zugießen. Die Zanderfilets darauflegen und zugedeckt 2–3 Minuten leicht köcheln lassen. Dann den Deckel abnehmen und alles weitere 2–3 Minuten garen. Die restliche Butter in kleinen Flöckchen darübergeben und durch vorsichtiges Schwenken der Pfanne unterrühren. Nochmals 2–3 Minuten leicht köcheln lassen.
Inzwischen die beiden Tomaten in kochendem Wasser kurz blanchieren, die Haut abziehen und die Kerne entfernen. Das Fruchtfleisch in kleine Würfel schneiden, in der heißen Butter unter ständigem Schwenken kurz andünsten und mit etwas Salz und Pfeffer würzen. Die gedünsteten Tomaten zum Fisch servieren.

Heilbutt auf Dillgurken

Ohne Abbildung

Zutaten für 4 Portionen:
4 Heilbuttfilets von je etwa 200 g
Zitronensaft
Salz
50 g Zwiebel
50 g Karotten/Möhren
30 g Butter
etwas frisch gemahlener Pfeffer
500 g Salatgurke
⅛ l trockener Weißwein
2 Eßl. kleingeschnittener Dill

Zubereitungszeit: 40–50 Minuten

Die Heilbuttfilets mit Küchenkrepp trockentupfen, mit einigen Tropfen Zitronensaft beträufeln und etwas salzen. Die Zwiebel schälen und feinhacken. Die Karotten putzen und feinwürfeln.
Die Butter in einer großen Dekkelpfanne zerlassen. Die Zwiebel darin hell anschwitzen. Die Karottenwürfel zugeben und 2–3 Minuten dünsten. Mit ½ Teelöffel Salz und etwas Pfeffer würzen. Die Salatgurke schälen, längs teilen, von den Kernen befreien und in etwa 1 cm dicke und 3 cm lange Stifte schneiden. Die Gurkenstifte in die Pfanne geben, mit dem Wein übergießen und 5–6 Minuten bei schwacher Hitze dünsten. Dann mit dem Dill bestreuen, die Fischfilets darauflegen und alles zugedeckt bei Mittelhitze in 8–10 Minuten langsam garen.

Steinbutt mit jungem Gemüse

Der Steinbutt gehört zweifelsohne zu den edelsten Fischen überhaupt. Es lohnt sich, wenn man sich bei der Zubereitung größte Mühe gibt, ganz besonders – wie im folgenden Rezept – bei Steinbuttfilets. Sie haben einen sehr zarten Geschmack und benötigen deshalb eine intensive Garflüssigkeit. Man sollte sie also nicht einfach in Wasser dünsten, sondern dafür einen Fond verwenden, der den Geschmack des Filets entsprechend steigert. Und man sollte diese Garflüssigkeit darüber hinaus noch für die Sauce nützen. Diese Methode ist übrigens auch bei weniger wertvollen, sprich teuren, Fischarten angebracht, weil das Ergebnis einfach viel besser wird.
Wenn man einen ganzen Steinbutt kauft, dann werden die Filets ausgelöst, und aus dem großen Rest kocht man einen Fischfond, wie auf Seite 9 beschrieben. Einfacher ist es natürlich, auf bereits fertigen Fischfond zurückzugreifen, den man einfach aus der Tiefkühltruhe holt.

Zutaten für 4 Portionen:

Für das Gemüse:

150 g junger Lauch/Porree
150 g Zucchini
100 g Karotten/Möhren
20 g Butter
100 g enthülste, frische Erbsen
4 Eßl. Fleischbrühe oder Wasser
½ Teel. Salz
etwas frisch gemahlener Pfeffer

Für den Fisch:

30 g Butter
600 g Steinbuttfilets (4 Stück zu je etwa 150 g)
⅛ l trockener Weißwein
⅜ l Fischfond (Rezept Seite 9)
1 Teel. Zitronensaft
½ Teel. Salz
1 Zweig Estragon

Für die Sauce:

1 Eigelb · ⅛ l Sahne
Kerbel- oder Estragonblättchen

Vorbereitungszeit: etwa 60 Minuten, ohne Kochen von Fischfond
Garzeit: etwa 25 Minuten

Den Lauch gründlich waschen, putzen und in kleine Stücke schneiden. Die Zucchini und die Karotten unter fließendem Wasser gründlich abbürsten und in dünne Stifte schneiden. Die Butter in einer Kasserolle zerlaufen lassen, die geschnittenen Gemüse und die Erbsen zufügen und alles bei guter Hitze etwa 1 Minute unter ständigem Wenden andünsten. Dann die Fleischbrühe oder das Wasser angießen, das Salz und etwas Pfeffer zufügen und das Gemüse dünsten, bis die Flüssigkeit fast vollständig verdampft ist. Das dauert 4–5 Minuten. Dann ist alles gar, aber noch knackig.
Eine entsprechend große Pfanne oder Kasserolle mit der Butter ausstreichen. Die Steinbuttfilets hineinlegen, mit dem Weißwein, dem Fischfond und dem Zitronensaft übergießen, salzen und den Estragonzweig darüberlegen. Die Kasserolle zudecken und bei Mittelhitze langsam auf dem Herd erhitzen, bis die Flüssigkeit zu kochen beginnt. Die Hitze sofort etwas reduzieren und die Flüssigkeit etwa 1 Minute ganz langsam weiterköcheln lassen. Dann den Herd vollständig abschalten. Die Fischfilets bei geschlossenem Deckel noch etwa 10 Minuten weiter ziehen lassen.
¼ Liter Fischfond abnehmen und bei guter Hitze etwa auf ⅓ einkochen lassen. Das Eigelb mit der Sahne verrühren und mit dem Schneebesen oder Handmixer halbsteif schlagen. In der Zwischenzeit die Fischfilets mit dem Gemüse auf vier Tellern anrichten. Damit die Sauce so locker und luftig wie möglich ist, die Sahne ganz zuletzt auf dem Herd schnell unterrühren. Die Sauce sofort auf den Tellern verteilen und mit frischen Kerbel- oder Estragonblättchen bestreuen.
Als weitere Beilage passen neue Kartoffeln zu diesem Gericht ganz besonders gut. Der Wein sollte der gleiche sein, wie der, den man zum Dünsten verwendet hat.

Gratinierte Jakobsmuscheln

Die Mengen dieses Rezeptes sind gerade ausreichend für 4 Vorspeisen oder Zwischenmahlzeiten. Wollen Sie die Muscheln als Hauptgericht servieren, dann müssen Sie die Zutaten verdoppeln und pro Portion in zwei Muschelschalen verteilen. Man kann aber auch jede Portion auf einem feuerfesten Teller anrichten, mit der Sauce übergießen und dann auf dem Teller gratinieren.

Zutaten für 4 Portionen:
4 frische Jakobsmuscheln
¼ l Milch
4 Seezungenfilets
etwas Salz
frisch gemahlener Pfeffer
200 g frischer Spinat
Salz
etwas frisch geriebene
Muskatnuß
frisch gemahlener Pfeffer
40 g weiche, frische Butter
1 Eßl. grobgehackter Kerbel
Für die Sauce:
1 Eßl. feines Pflanzenöl
1 Eßl. feingehackte Schalotten
⅛ l Fischbrühe (Rezept Seite 9)
⅛ l trockener Weißwein
2 cl trockener Wermut
etwas Salz
und frisch gemahlener Pfeffer
50 g eiskalte Butter
1 Eigelb
50 g Crème fraîche

Ruhezeit für die Muscheln: mindestens 12 Stunden
Vorbereitungszeit: 70 Minuten
Garzeit: 10–13 Minuten

Die Jakobsmuscheln zunächst mit einem kräftigen Messer öffnen: Das Messer zwischen die Muschelschalen schieben und damit in drehender Bewegung den Muskel von der flachen Muschelschale abtrennen. Die Muschel öffnen, die Kiemen und Eingeweide entfernen, so daß nur der weiße Muskel und der rote Rogen erhalten bleiben. Diese sorgfältig mit kaltem Wasser waschen und abtrocknen. Die Jakobsmuscheln in eine entsprechend große Schüssel geben, mit der Milch übergießen und mindestens einen halben Tag zugedeckt im Kühlschrank ruhen lassen.
Die Seezungenfilets auf einer Arbeitsplatte ausbreiten, mit ganz wenig Salz und Pfeffer bestreuen und zu Röllchen aufrollen. Mit einem Holzspießchen befestigen.
Den Spinat verlesen und waschen. Salzwasser zum Kochen bringen und den Spinat darin nur kurz zusammenfallen lassen, wieder herausnehmen, abtropfen lassen und mit etwas frisch geriebener Muskatnuß und Pfeffer würzen.
Die Muschelschalen sorgfältig säubern, austrocknen und dann mit der weichen Butter dick ausstreichen. Den Spinat darin verteilen. Die Jakobsmuscheln abtropfen lassen. In jede Muschelschale einen Muskel von der Jakobsmuschel, einen Rogen und ein Seezungenröllchen legen. Mit Kerbel bestreuen.
Für die Sauce das Öl in einer kleinen Kasserolle erhitzen und die sehr fein gehackten Schalotten darin hell anschwitzen. Dann mit der Fischbrühe, dem Wein und dem Wermut aufgießen und alles unter Rühren bei Mittelhitze auf etwa 6–8 cl (ungefähr ⅓ Tasse) einkochen. Dann mit dem Schneebesen die eiskalte Butter flöckchenweise darunterrühren. Das Eigelb mit der Crème fraîche verrühren und zum Schluß unter die Sauce geben.
Die Muscheln zunächst 4–5 Minuten unter dem vorgeheizten Grill überbacken, dann die Sauce darüber verteilen und rasch weitere 6–8 Minuten unter dem Grill garen. Herausnehmen und sofort servieren.
Wenn das Gericht als Vorspeise oder Zwischenmahlzeit serviert wird, kann man frisches Toastbrot mit Butter dazu reichen. Als Hauptgericht empfiehlt sich dazu körnig gekochter Safranreis und als Wein der gleiche, der für die Sauce verwendet wurde. Ein Elsässer Riesling wäre ideal.

Gegrillte Sardinen

Grillen ist eine Garmethode, die Fischen ganz besonders gut bekommt, vorausgesetzt, man beachtet einige sehr wesentliche Regeln. Grundsätzlich sollten Fische nur im ganzen, also mit der Haut gegrillt werden, weil so das empfindliche Fleisch durch die Haut geschützt wird. Davon ausgenommen sind sehr festfleischige Fischarten, wie zum Beispiel Schwertfisch, Thunfisch oder Lachs. Diese kann man in Scheiben (Koteletts) geschnitten grillen oder sogar, wie es bei Thunfisch oft gemacht wird, in Würfel geschnitten und auf den Spieß gesteckt (siehe Rezepte Seite 74).

Alle fetten Fische wie Hering, Makrele oder Aal kann man direkt der starken Grillhitze aussetzen, ohne daß ihr Fleisch dadurch trocken wird. Anders ist es bei den ausgesprochen mageren Fischarten. Diese müssen während des Grillens ständig mit Öl oder einer ölhaltigen Marinade bepinselt werden, damit das Fleisch nicht austrocknet.

Aber Fische lassen sich auch vor der aggressiven Hitze des Grills schützen, wenn man sie in Alufolie einwickelt. Die ältere und natürlichere Methode ist das Einwickeln in Weinblätter. Diese reichen natürlich nur für kleine Fische oder Fischstücke aus. In den tropischen Regionen nimmt man zum Garen von Fisch auch große Bananenblätter, in die auch größere Exemplare eingepackt werden können. Beim Grillen mit Blättern bleibt der Fisch, schon durch die eigene Feuchtigkeit der Blätter, besonders saftig.

Zutaten für 4 Portionen:

16 Sardinen von je 70–80 g
6 Eßl. Olivenöl oder feines Pflanzenöl
etwas Salz und frisch gemahlener Pfeffer

Zubereitungszeit: 20–30 Minuten

Die Sardinen an der Bauchseite mit einer kleinen Schere aufschneiden, ausnehmen und kurz auswaschen. Auf Küchenkrepp trocknen lassen und auf beiden Seiten mehrfach einschneiden. Mit Salz und Pfeffer ganz dezent würzen und dann von beiden Seiten mit Öl bestreichen. Die Sardinen dann auf den heißen Grillrost legen und von beiden Seiten jeweils 2–3 Minuten grillen. Dabei ist zu berücksichtigen, daß der Abstand zur Hitzequelle um so geringer sein sollte, je kleiner der Fisch ist; im Falle der kleinen Sardinen etwa 5 cm. Große Fische sollten 10–15 cm und mehr von der Hitzequelle entfernt sein, damit sie langsamer garen, das heißt, innen gar werden, ohne außen zu verbrennen.

Die Sardinen können dann einfach pur mit frischem Weißbrot gegessen werden oder man serviert dazu eine scharfe, kalte Paprikasauce.

Variante: Die Sardinen kann man nach demselben Rezept auch in Weinblätter gehüllt zubereiten. Sie werden so etwas schonender gegart. Man verwendet dafür (wenn man hat) frische Weinblätter direkt vom Rebstock oder auch eingelegte, die allerdings zuvor etwas ablaufen müssen (manchmal sind sie sehr salzig; dann müssen sie kurz abgespült werden). Die Sardinen werden dann, wie im nebenstehenden Rezept beschrieben, geölt, in die Blätter gewickelt und auf dem Grill von beiden Seiten gegart. Die Garzeit verlängert sich nur unwesentlich.

Aal in Weinblättern

Diese Art, Fische in eine gewürzte Marinade zu legen, bevor sie in Weinblättern gegrillt werden, ist sicher deshalb so beliebt, weil man dem Fischfleisch dadurch eine sehr pikante Note geben kann. Statt in Weinblätter können Sie die marinierten Fischstücke auch in Alufolie einpacken.

Zutaten für 4 Portionen:
2 küchenfertige Aale von je 450 g
Für die Marinade:
⅛ l feines Pflanzenöl
Saft von 1 Zitrone
60 g Zwiebel
2 Knoblauchzehen
2 frische Chilischoten
80 g Karotten/Möhren
80 g Stangensellerie/ Bleichsellerie
1 Eßl. gehackte Kapern
1 Eßl. gehackte Petersilie
1 Teel. Salz
etwas frisch gemahlener Pfeffer
Weinblätter zum Einwickeln (ersatzweise Alufolie)

Zubereitungszeit: 50–60 Minuten
Marinierzeit: mindestens 2 Stunden

Wenn Sie die Aale nicht beim Fischhändler bereits küchenfertig kaufen können, sondern frische Aale bekommen, dann müssen sie ausgenommen und abgezogen werden, wie auf Seite 80 beschrieben. Die abgezogenen Aale in 5–6 cm lange Stücke schneiden.
Für die Marinade das Pflanzenöl mit dem Zitronensaft verrühren und in eine große Schüssel geben. Die Zwiebel und die Knoblauchzehen schälen, feinhacken. Die frischen Chilischoten aufschneiden, sorgfältig von den Kernen befreien und ebenfalls feinhacken; dabei sehr darauf achten, daß die Samenkerne der Chilischoten nicht mit in die Marinade geraten, denn sie sind höllisch scharf. Die Karotten sowie den Stangensellerie putzen und beides in ganz kleine Würfel schneiden. Alle vorbereiteten Zutaten mit den Kapern, der Petersilie, dem Salz und etwas Pfeffer in die Schüssel geben und zu einer Marinade verrühren. Die Aalstükke hineinlegen. Sie sollten mindestens 2 Stunden, besser etwas länger darin ziehen dürfen.
Die Weinblätter (frisch oder eingelegt) flach ausbreiten; Blätter aus der Dose abtropfen lassen oder kurz abspülen, wenn sie sehr salzig sind. Die marinierten Aalstücke mit dem Gemüse in Weinblätter einhüllen. Je nach Größe der Blätter braucht man 1–2 Blätter pro Aalstück. Damit sich diese Päckchen auf dem Grill nicht öffnen können, ist es ratsam, sie mit einem Baumwollfaden zusammenzuschnüren oder aber man verschließt sie mit einem Holzspießchen. Die Aalpäckchen auf den heißen Grillrost legen und von jeder Seite 8–10 Minuten grillen.

Gegrillte Makrele

Ohne Abbildung

Nach der im nebenstehenden Rezept beschriebenen Methode kann man auch ganz hervorragend kleinere Makrelen zubereiten.

Zutaten für 4 Portionen:
4 ausgenommene Makrelen von je 300 g
Marinade wie im nebenstehenden Rezept
4 Thymianzweige
Weinblätter zum Einwickeln

Zubereitungszeit: 50–60 Minuten
Marinierzeit: mindestens 2 Stunden

Die ausgenommenen Makrelen unter fließendem Wasser kurz abwaschen und sorgfältig mit Küchenkrepp abtrocknen. Die Fische auf beiden Seiten jeweils 4–5 mal einschneiden, damit die Marinade in das Fleisch gut eindringen kann. In eine entsprechend große Schüssel legen, mit der Marinade bedecken und mindestens 2 Stunden ziehen lassen. Die Makrelen herausnehmen und wie die Aalstücke (mit dem Gemüse) in einige überlappend ausgebreitete Weinblätter wickeln. Auf den heißen Grill legen und von jeder Seite 8–9 Minuten grillen.

Thunfisch mit Zitronensauce

Thunfisch ist zum Grillen bestens geeignet, weil sein festes Fleisch saftig bleibt und nicht zerfällt. Thunfischscheiben (Koteletts), die von Fischen zwischen 40 und 80 cm Länge geschnitten wurden, lassen sich ganz besonders gut verarbeiten, aber der Fischhändler schneidet auch aus großen Fischen entsprechende Steaks.

Zutaten für 4 Portionen:
4 Scheiben Thunfisch
von je 200 g
Für die Marinade:
1 Knoblauchzehe
2 Eßl. feingehackte Zwiebel
1 Teel. grob gestoßene schwarze Pfefferkörner
2 Lorbeerblätter
1 Zweig Rosmarin
1 Zweig Thymian
⅛ l feines Olivenöl
Für die Sauce:
⅛ l Fischfond (Rezept Seite 9)
4 cl trockener Weißwein
2 cl Zitronensaft
abgeriebene Schale von 1 Zitrone
(Schale unbehandelt)
50 g Crème fraîche

Zubereitungszeit: 50 Minuten
Marinierzeit: mindestens 2–3 Stunden

Die Thunfischscheiben unter fließendem Wasser abwaschen, abtrocknen und in eine große Schüssel legen.
Die Knoblauchzehe schälen und zerdrücken. Die Fischscheiben mit den Zwiebeln, dem zerdrückten Knoblauch und dem grobgestoßenen Pfeffer bestreuen. Die Lorbeerblätter (nur einmal durchgebrochen), den Rosmarin- und den Thymianzweig dazulegen. Das Olivenöl darübergießen und alles zugedeckt mindestens 2–3 Stunden durchziehen lassen.
Die Fischscheiben aus der Marinade nehmen (wenn von den Zwiebeln oder Gewürzen etwas daran hängenbleibt, ist es nicht weiter schlimm) und auf einem Gitter ablaufen lassen. Es bleibt genügend Öl an den Fischscheiben, so daß es zum Grillen ausreicht. Die Fischscheiben dann auf dem heißen Grillrost von jeder Seite 6–7 Minuten grillen.
Für die Zitronensauce den Fischfond mit dem Wein und dem Zitronensaft etwa auf die Hälfte einkochen. Die in Streifen geschnittene Zitronenschale und die Crème fraîche zufügen. Die Sauce einige Minuten ziehen lassen und zum gegrillten Fisch servieren.
Dazu kann man Grilltomaten, mit Salz und Pfeffer bestreut, reichen.

Thunfischspieße

Ohne Abbildung

Zutaten für 4 Portionen:
600 g Thunfisch
100 g kleine Grillzwiebeln
1 rote Paprikaschote
100 g Champignons
Für die Marinade:
1 frische Peperoni
1 Knoblauchzehe
⅛ l feines Pflanzenöl
2 Teel. Zitronensaft
½ Teel. Salz
1 Eßl. gemischte, gehackte Kräuter nach Belieben

Zubereitungszeit: 45 Minuten
Marinierzeit: 2–3 Stunden

Den Thunfisch in Würfel schneiden. Die Zwiebeln putzen. Die Paprikaschote entkernen, waschen und in Stücke schneiden. Die Champignons putzen und waschen.
Die Thunfischwürfel abwechselnd mit den Grillzwiebeln, den Paprikastücken und den Champignons auf vier Spieße verteilen. Die Spieße in eine entsprechend große Schüssel legen. Die Peperoni entkernen und feinhacken. Die Knoblauchzehe schälen und zerdrücken. Das Öl mit dem Zitronensaft, dem Salz, der gehackten Peperoni und dem zerdrückten Knoblauch sowie den Kräutern verrühren. Diese Marinade über die Spieße gießen und 2–3 Stunden einwirken lassen.
Die Spieße herausnehmen, ablaufen lassen und auf dem vorgeheizten Grill auf beiden Seiten jeweils 4–6 Minuten garen.
Mit einem frischen Salat servieren.

RAPITAL

Schellfisch in der Bratfolie

Eine Methode, geradezu geschaffen für Fisch, speziell für ganze Fische, ist das Garen in Bratfolie. Diese Art der Zubereitung ist deswegen so ideal, weil der Fisch ohne Zugabe von Flüssigkeit oder Fett ganz im eigenen Saft gegart werden kann. Auf diese Weise kann man einen frischen Seefisch wirklich pur, ohne jede weitere Zutat, sogar ohne Salz, äußerst schmackhaft zubereiten, denn der Salzgehalt des Fisches allein genügt, um seinen vollen Wohlgeschmack zur Geltung zu bringen. Durch vorsichtiges Würzen oder durch Kombination mit feinen Gemüsen kann man diesen Geschmack natürlich beliebig verändern. Den geschmacklichen Variationsmöglichkeiten sind dabei fast keine Grenzen gesetzt.

Zutaten für 4 Portionen:
1 Schellfisch (ohne Kopf)
von etwa 800 g
120 g Zucchini
70 g Karotten/Möhren
100 g Frühlingszwiebeln
1 Kräuterbüschel, bestehend
aus je 1 Zweig Petersilie,
Thymian und Liebstöckel
3 Eßl. trockener Weißwein
½ Teel. Salz

Vorbereitungszeit: 30 Minuten
Garzeit: 25–30 Minuten

Den Schellfisch unter fließendem Wasser ganz kurz abwaschen und mit Küchenkrepp trockentupfen. Die Flossen mit der Küchenschere abschneiden. Den Fisch in die vorbereitete Bratfolie geben. Die Zucchini unter fließendem Wasser abbürsten und in dünne Scheiben schneiden. Die Karotten putzen und ebenfalls in dünne Scheiben schneiden. Die Frühlingszwiebeln putzen und in Stücke schneiden. Die Gemüsestücke rings um den Fisch verteilen. Das Kräuterbüschel sowie den Weißwein zufügen und das Salz darüberstreuen. Die Folie verschließen und auf den Rost des Backofens setzen. Diesen in den auf 220° vorgeheizten Backofen schieben und den Schellfisch 25–30 Minuten garen.

Der große Moment kommt beim Aufschneiden der Folie, wenn einem der herrliche Duft entgegenströmt.

Der Fisch kann nun mit dem Gemüse oder zusätzlich mit Kartoffeln oder Weißbrot serviert werden.

Tips für den Umgang mit Bratfolie: Die Folienschläuche werden von der Industrie mit entsprechenden Drahtverschlüssen geliefert. Man kann diese Schläuche in beliebiger Länge je nach Größe der zu garenden Produkte abschneiden. Im Falle des vorangegangenen Rezeptes wird für den Schellfisch ein 50 cm langes Stück Folie abgeschnitten. Eine Seite wird zusammengefaltet und mit dem Verschlußdraht umwikkelt. Von der offenen Seite her werden der Fisch und die übrigen Zutaten eingefüllt und die Folie wird am anderen Ende ebenso verschlossen. In die Oberseite der Folie sticht man einmal mit einer spitzen Gabel oder einige Male mit einer Nadel ein. Der gefüllte Bratbeutel wird auf den kalten Bratrost gelegt, der Rost in den vorgeheizten Backofen geschoben und der Inhalt gegart.

Beim Garen in Bratfolie können im Gegensatz zum Garen im Topf oder in Alufolie die Wärmestrahlen nahezu ungehindert durch die Folie auf das Bratgut wirken. Der entstehende Dampfüberdruck entweicht durch die kleinen Löcher, die mit der Gabel oder einer Nadel eingestochen wurden. Durch die Feuchtigkeit innerhalb der Folie beträgt die Temperatur etwa 150°, wenn das Bratgut bei 220° Ofentemperatur eingeschoben wurde.

Nährstoffe und Vitamine werden dadurch wesentlich geschont, und was für den Geschmack das Wichtigste ist, kein Saft geht verloren und eine Zugabe von viel Flüssigkeit ist in der Regel nicht nötig.

Heilbutt mit Safranrisotto

Im Bild vorne

Zutaten für 4 Portionen:
1 Zitrone · 60 g Zwiebel
60 g Karotten/Möhren
300 g Miesmuscheln
1 Lorbeerblatt
2 Eßl. feines Pflanzenöl
Salz · frisch gemahlener Pfeffer
4 Heilbuttfilets von je 150–200 g
⅛ l trockener Weißwein
¼ l Fischfond (Rezept Seite 9)
Für den Risotto:
30 g Butter
1 Eßl. feingehackte Zwiebel
1 Messerspitze Knoblauchpulver
Salz · frisch gemahlener Pfeffer
150 g Rundkornreis
⅛ l trockener Weißwein
½ l Fischfond
einige Safranfäden oder
1 Messerspitze Safranpulver

Zubereitungszeit: 70–80 Minuten

Die Zitrone und die Zwiebel schälen, die Karotten putzen und alles in hauchdünne Scheiben schneiden. Die Muscheln sorgfältig von den »Bärten« befreien und gründlich waschen (geöffnete Muscheln wegwerfen).
In einer großen Deckelpfanne das Öl erhitzen. Die Zwiebel-, Karotten- und Zitronenscheiben hineinlegen, das zerdrückte Lorbeerblatt darüberstreuen, alles salzen und pfeffern. Die Heilbuttfilets darauflegen. Mit dem Wein und dem Fischfond übergießen. Die Muscheln darüber verteilen. Bei geschlossener Pfanne die Flüssigkeit zum Kochen bringen, dann sofort die Hitze reduzieren. Das Ganze etwa 3 Minuten bei geringer Hitze dünsten. Die Pfanne öffnen; die Muscheln sollten inzwischen aufgesprungen sein. Den Fisch bei geringer Hitze weitere 8–10 Minuten dünsten.
Für den Risotto die Butter in einer Kasserolle zerlassen und die Zwiebel darin hell andünsten. Das Knoblauchpulver, Salz, Pfeffer und den Reis zufügen. Bei starker Hitze unter ständigem Rühren einige Minuten anrösten. Mit dem Wein ablöschen, 1–2 Minuten weiterdünsten und dann den Fischfond dazugießen. Den Safran zufügen und den Risotto im offenen Topf bei Mittelhitze in etwa 20 Minuten langsam garen. Die Fischfilets und die Muscheln aus der Pfanne nehmen und warm stellen. Die Fischbrühe durch ein Sieb zum Risotto gießen. Noch 1–2 Minuten auf dem Herd lassen. Den Reis auf vier Teller verteilen. Den Fisch und die Muscheln darauf anrichten.

Heilbutt in Pilzrisotto

Im Bild hinten

Zutaten für 4 Portionen:
30 g Butter
2 Eßl. feingehackte Zwiebel
1 Knoblauchzehe
180 g Rundkornreis
⅛ l trockener Weißwein
½ l Hühnerbrühe
½ Teel. Salz
etwas frisch gemahlener Pfeffer
200 g frische Champignons
500 g Heilbuttfilet
Zum Bestreuen:
30 g Butter
40 g geriebener Parmesankäse

Vorbereitungszeit: 40 Minuten
Garzeit: etwa 30 Minuten

Die Butter in einer großen Kasserolle zerlassen. Die Zwiebel darin hell anschwitzen. Die Knoblauchzehe schälen, zugeben und den Reis hineinschütten. Unter ständigem Rühren einige Minuten anrösten. Mit dem Wein aufgießen, einige Minuten rühren und weiterdünsten. Die Hühnerbrühe dazugießen und mit dem Salz und Pfeffer würzen.
Die Pilze putzen, waschen und in dünne Scheiben schneiden. Nach 10 Minuten Garzeit zum Reis geben und alles bei Mittelhitze weitere 15 Minuten kochen lassen.
Die Heilbuttfilets auf den Risotto geben, einige Minuten köcheln lassen. Den Fisch in Stücke zerpflücken und alles bei sehr geringer Hitze mehr gar ziehen als kochen lassen.
Die Butter in Flöckchen sowie den Käse darüberstreuen und vorsichtig durchrühren.

Grüner Aal »Brabant«

Das ist eine Zubereitungsart, die dem gehaltvollen Fleisch des Aals ganz besonders gut bekommt, und ein Rezept, das sich in Belgien und Holland großer Beliebtheit erfreut. Man sollte dafür mittelgroße Aale mit einem Gewicht von etwa 700 g verwenden, denn kleinere Aale haben im Verhältnis zu ihrem Fleischgewicht zuviel Abfall, und sehr große Exemplare sind meist schon etwas zu fett.
Kauft man die Aale im Fischgeschäft, dann sollte man sie sich gleich abziehen lassen. Diese Prozedur ist zwar nicht gerade schwierig, aber sie verlangt etwas Übung. Wenn Sie aber einen »grünen« Aal (so heißen die frischen Aale im Gegensatz zu den geräucherten) direkt vom Fischer bekommen sollten, können Sie nachfolgend lesen, wie er enthäutet wird.
Den ausgenommenen Aal mit dem Rücken auf eine Arbeitsplatte legen. Mit einem scharfen Messer unterhalb der kleinen Flossen am Kopf das Fleisch und das Rückgrat durchschneiden, ohne die Haut zu durchtrennen. Dann mit einem spitzen Messer die Haut vom Aalfleisch etwa 3 cm weit ablösen, um einen Anfang zu bekommen. Die Handflächen mit Salz bestreuen (damit man einen besseren Halt an dem rutschigen Aal hat). Mit der rechten Hand das freigelegte Aalstück festhalten. Mit der linken Hand den Kopf anfassen und mit einem Ruck, mit der rechten Hand nachgreifend, die Haut zum Schwanz hin abziehen. Sowohl der Aal als auch die Haut sind so stabil, daß man keine Bedenken haben muß, man könnte den Fisch in Stücke reißen.

Zutaten für 4 Portionen:
1 kg ausgenommener, enthäuteter Aal (etwa 1400 g mit Haut und Kopf)
60 g Butter
½ Teel. Salz
50 g Sauerampfer
1 Eßl. gehackter Kerbel
1 Eßl. gehackter Estragon
1 Eßl. gehackter Dill
1 Eßl. Zitronensaft
⅛ l Fischfond (Rezept Seite 9) oder Wasser
⅛ l Weißwein
1 Lorbeerblatt
1 Eigelb

Vorbereitungszeit: 30 Minuten
Garzeit: 10–15 Minuten

Die Bauchhöhle des ausgenommenen, enthäuteten Aals sorgfältig unter fließendem Wasser auswaschen und den Fisch in etwa 5 cm große Stücke schneiden.
In einer entsprechend großen Kasserolle die Butter zerlaufen lassen. Die Aalstücke salzen und in der Butter 3–4 Minuten anbraten. Den Sauerampfer grobhakken und mit dem Kerbel, dem Estragon und dem Dill über den Aal streuen. Den Zitronensaft darüberträufeln und dann den Fischfond oder das Wasser und den Weißwein dazugießen. Zuletzt das Lorbeerblatt zufügen. Den Fisch 10–15 Minuten bei milder Hitze schmoren, je nach Dicke der Stücke. Von der Schmorflüssigkeit 2 Eßlöffel voll abnehmen und damit das Eigelb verrühren. Die Eimischung in die Sauce rühren. Alles noch 1–2 Minuten ziehen lassen und dabei vorsichtig umrühren.
Dazu passen neue Kartoffeln oder frisches Weißbrot. Wenn man einen Wein dazu servieren möchte, dann sollte es der gleiche sein, mit dem auch aufgegossen wurde.

Scholle in Rotwein

Ob weiß oder rot, sollte nach alter »Fischküchenregel« nicht die Frage sein, denn traditionell werden Fischgerichte nun mal mit Weißwein zubereitet, und Weißwein wird auch dazu getrunken. Aber gut muß der Weißwein sein, nämlich leicht und trocken. Und damit ist die Frage schon fast beantwortet, denn ein klebrig-süßer Weißwein kann einem Fischgericht mehr schaden als ein leichter, trockener Rotwein. Im Gegenteil, wenn der Rotwein keinen übermäßig großen Gerbsäureanteil hat, kann man damit durchaus feine Fischgerichte zubereiten und natürlich den Wein auch dazu trinken. Das folgende Rezept ist ein gutes Beispiel: Ein unkomplizierter, leichter Beaujolais ist in diesem Falle ein hervorragender Partner für den Fisch.

Zutaten für 4 Portionen:

4 ausgenommene Schollen von je 300 g

Für den Fischfond:

1 Bund Suppengrün

½ Teel. Salz

¾ l Wasser

Außerdem:

100 g Zwiebeln

100 g Karotten/Möhren

100 g Stangensellerie/Bleichsellerie

30 g Butter

½ l Beaujolais

1 Kräuterbüschel, bestehend aus Petersilie, Estragon und Zitronenmelisse

Für die Sauce:

30 g Schalotten

20 g Butter

etwas Salz und frisch gemahlener Pfeffer

120 g Crème fraîche

Zum Garnieren:

4 Zitronen- oder Limettenspalten

Zubereitungszeit: 50–60 Minuten

Von den ausgenommenen Schollen die Flossen und Köpfe abschneiden und diese gut wässern. Daraus wird der Fischsud gekocht. Das Suppengrün putzen. Die gewaschenen Fischabfälle mit dem Suppengrün, dem Salz und dem Wasser, wie auf Seite 9 beschrieben, kochen.

Die Zwiebeln schälen und in Ringe schneiden, die Karotten putzen und kleinwürfeln, desgleichen den Stangensellerie. Eine feuerfeste Form, die groß genug ist, die 4 Fische überlappend geschichtet aufzunehmen, mit Butter ausstreichen und die Gemüseschicht einfüllen. Darauf die vorbereiteten Schollen legen, mit dem Beaujolais und dem passierten Fischfond übergießen. Das Kräuterbüschel zufügen und alles zugedeckt auf der Herdplatte bis zum Kochen erhitzen. In der Zwischenzeit den Backofen auf 200° vorheizen. Die Form offen hineinschieben und die Fische 10–12 Minuten garen. Die Schollen herausnehmen und auf einer Servierplatte warm stellen. Den Fischfond in der Form auf dem Herd etwa zur Hälfte einkochen.

Für die Sauce die Schalotten schälen und ganz fein hacken. Die Butter zerlaufen lassen und die gehackten Schalotten darin hell anschwitzen. Mit etwas Salz und Pfeffer würzen. Den Fischfond durch ein feines Sieb über die Schalotten geben und das Ganze nochmals einkochen, bis maximal ¼ Liter übrigbleibt. Dann die Crème fraîche darunterrühren und unter Schlagen nochmals erhitzen. Die Sauce zusammen mit den Schollen servieren. Jede Portion mit einer Zitronen- oder Limettenspalte garnieren.

Dazu passen Petersilienkartoffeln.

LE PIAT
BEAUJOL

Räucherfisch-pfanne

Daß man Räucherfisch nicht nur kalt genießen kann, sollen die beiden folgenden Rezepte beweisen. Räucherfisch schmeckt warm ganz ausgezeichnet, vorausgesetzt, man nimmt die richtigen begleitenden Zutaten. Sehr gut verträgt sich Räucherfisch mit Eiern, wie das nachstehende Rezept zeigt.

Zutaten für 4 Portionen:
125 g Zwiebeln
125 g Zucchini
125 g rote Paprikaschoten
250 g gekochte Kartoffeln
30 g Butter
½ Teel. Salz
frisch gemahlener Pfeffer
250 g geräucherter Heilbutt
200 g Schillerlocken
Für das Rührei:
4 Eier
etwas Salz und
frisch gemahlener Pfeffer
1 Eßl. kleingeschnittener
Schnittlauch
1 Eßl. gehackte Petersilie

Zubereitungszeit: 40–50 Minuten

Die Zwiebeln schälen und sehr fein hacken. Die Zucchini waschen, vom Stiel befreien und in dünne Scheiben schneiden. Die Paprikaschote entkernen, waschen und in Streifen schneiden. Die Kartoffeln abziehen und in Würfel schneiden. Die Butter in einer Pfanne zerlassen. Die gehackten Zwiebeln darin kurz anlaufen lassen. Die Zucchinischeiben, die Paprikastreifen und die Kartoffelwürfel zugeben. Mit Salz und Pfeffer bestreuen und alles bei mäßiger Hitze 3–4 Minuten anrösten.
In der Zwischenzeit den Heilbutt in kleine Stücke zerpflücken, die Schillerlocken in 1 cm dicke Scheiben schneiden. Unter die Zutaten in der Pfanne mischen und einige Minuten unter öfterem Wenden erhitzen.
Die Eier verrühren, mit Salz und Pfeffer würzen. Den Schnittlauch und die Petersilie unterrühren. Die Eimasse über den Pfanneninhalt gießen und bei ganz geringer Hitze langsam stocken lassen.

Forellen mit Artischocken und Gorgonzola

Ohne Abbildung

Zutaten für 4 Portionen
als Zwischenmahlzeit:
2 geräucherte Forellen
von je 350 g
30 g Butter
60 g Zwiebel
200 g Artischockenherzen
(aus Dose oder Glas)
etwas Salz und
frisch gemahlener Pfeffer
2 Eier
80 g Gorgonzolakäse
2 Eßl. kleingeschnittener
Schnittlauch

Zubereitungszeit: 20 Minuten

Von den Forellen die Filets auslösen. Die Zwiebel schälen und feinwürfeln. Die Butter in einer entsprechend großen Pfanne zerlaufen lassen und darin die feingewürfelte Zwiebel hell anschwitzen. Die Artischockenherzen gut abtropfen lassen, vierteln und in die Pfanne geben. Mit Salz und Pfeffer würzen und 3–4 Minuten unter Wenden anbraten.
Die Eier verrühren. Den Käse in kleine Würfel schneiden und mit dem gehackten Schnittlauch daruntermischen. Die Forellenfilets in die Pfanne legen, mit der Eimischung übergießen und bei ganz schwacher Hitze langsam stocken lassen. Wenn nötig, noch mit etwas Salz und Pfeffer nachwürzen.

Kabeljau, in Teig ausgebacken

Im Bild vorne

Beim Ausbacken im Teigmantel bleiben Fisch und Krustentiere saftig und aromatisch. Man nimmt dazu Fischarten mit festem Fleisch, aber auch Garnelen, Muscheln oder Tintenfische.

Zutaten für 4 Portionen:
8 Kabeljaukoteletts von je etwa 100 g
Saft von ½ Zitrone
Salz · frisch gemahlener Pfeffer
Für den Teig:
150 g Mehl · ¼ Teel. Salz
etwas frisch gemahlener Pfeffer
1 Ei · 2 Eßl. feines Pflanzenöl
¼ l helles Bier oder Wasser
Für die Sauce:
100 g Crème fraîche
1 Messerspitze Cayennepfeffer
1 Eßl. Zitronensaft
2 Eßl. gehackte Kräuter (Melisse, Liebstöckel, Petersilie, Estragon und Thymian)
eventuell Salz
4 Eßl. Schlagsahne
Zum Ausbacken:
feines Pflanzenfett

Zubereitungszeit: 50 Minuten
Ruhezeit: mindestens 1 Stunde

Die Fischscheiben dürfen zum Fritieren nicht zu dick sein, damit sie gleichmäßig durchbacken. Die Koteletts leicht mit Zitronensaft beträufeln, salzen und pfeffern.
Das Mehl in eine Schüssel sieben, das Salz, Pfeffer, das Ei und das Öl zugeben und so viel Bier oder Wasser zugießen, daß ein dickflüssiger, glatter Teig entsteht. Rühren, bis sich alle Mehlklümpchen aufgelöst haben. Je nach Flüssigkeitszugabe kann man einen festen Teig rühren, der am Fisch gut haften bleibt, oder einen leichten Teig, der beim Backen knuspriger wird. Den Teig 60 Minuten ruhen lassen.
Für die Sauce die Crème fraîche mit dem Cayennepfeffer, dem Zitronensaft und den Kräutern verrühren, wenn nötig etwas Salz zufügen. Zum Schluß die geschlagene Sahne unterheben.
Das Pflanzenfett auf etwa 180° erhitzen. Die Fischscheiben, auf eine Gabel gespießt, durch den Ausbackteig ziehen und dabei darauf achten, daß sie vollständig vom Teig eingehüllt sind. Die Portionen in das heiße Fett geben und von beiden Seiten jeweils 3–4 Minuten backen. Herausnehmen, auf Küchenkrepp abtropfen lassen. Mit der Sauce anrichten.

Fritierte Kalmare

Im Bild hinten

Zutaten für 4 Portionen:
750 g frische, kleine Kalmare (Tintenfische)
Für den Teig:
150 g Mehl
1 Eigelb
¼ Teel. Salz
etwas frisch gemahlener Pfeffer
2 Eßl. feines Pflanzenöl
¼ l helles Bier
2 Eiweiße
Zum Ausbacken:
feines Pflanzenfett
Zum Garnieren:
Petersilie und Zitronenachtel

Zubereitungszeit: 50–60 Minuten
Ruhezeit: mindestens 1 Stunde

Die Kalmare unter fließendem Wasser sehr gut säubern, dabei den Kopf aus dem Rumpf ziehen und das Kalkblatt sowie den Tintenbeutel entfernen. Die Haut so weit wie möglich abziehen und den Rumpf in etwa 1 cm breite Ringe schneiden. Vom Kopf die Tentakeln (Fangarme) so abschneiden, daß sie noch zusammenhalten. Die Stücke auf Küchenkrepp gut abtrocknen lassen.
Den Teig wie im nebenstehenden Rezept zubereiten, jedoch die Eiweiße steif schlagen und den Eischnee unter den Teig heben, nachdem er mindestens 60 Minuten geruht hat.
Das Fett auf 180° erhitzen. Die Tintenfischstücke mit einer Gabel in den Teig tauchen, in das heiße Fett geben und 4–5 Minuten unter Wenden schön hellbraun und knusprig backen. Herausnehmen, auf Küchenkrepp abtropfen lassen und mit Petersilie und Zitronenschnitzen garniert anrichten. Ein grüner Salat paßt gut dazu.

Seemanns-Eintopf

Bei Eintöpfen mit Fischen, Schal- und Krustentieren kann man sich weitgehend nach dem Angebot richten, jedoch sollten die einzelnen Sorten (mindestens drei) einigermaßen gleichwertig vertreten sein.

Zutaten für 4 Portionen:

150 g Zwiebeln
100 g Knollensellerie
100 g Karotten/Möhren
1 Knoblauchzehe
3 Eßl. feines Pflanzenöl
¾ l Wasser oder Fischbrühe (Rezept Seite 9)
1 Eßl. edelsüßes Paprikapulver
½ Teel. Salz
etwas frisch gemahlener Pfeffer
500 g Kabeljaufilet
500 g ausgenommene Makrelen
500 g Miesmuscheln
1 Eßl. gehackte Petersilie
150 g Crème fraîche oder saure Sahne

Zubereitungszeit: etwa 1 Stunde und 10 Minuten

Die Zwiebeln schälen und feinhacken. Den Sellerie und die Karotten putzen und würfeln. Die Knoblauchzehe schälen und zerdrücken. Das Öl in einer großen Kasserolle erhitzen. Die Gemüse darin bei guter Hitze hell andünsten. Dann mit dem Wasser oder der Brühe aufgießen, mit dem Paprikapulver, dem Salz und Pfeffer würzen und 10–12 Minuten köcheln lassen.
Das Kabeljaufilet kurz abwaschen und in Würfel schneiden. Die Makrelen unter fließendem Wasser gut säubern. Kopf, Schwanz und Flossen abschneiden und die Fische in grobe Stücke teilen. Die Muscheln säubern, von den »Bärten« befreien (offene Muscheln wegwerfen) und in Salzwasser einige Minuten kochen, bis sie sich geöffnet haben (nur die jetzt geöffneten Muscheln verwenden!). Alle Fischstücke in den Sud geben und etwa 5 Minuten köcheln lassen. Die Muscheln hineingeben und weitere 5 Minuten mehr ziehen als kochen lassen. Vom Herd nehmen. Mit der Petersilie bestreuen. Die Crème fraîche oder Sahne vorsichtig unterheben.

Meeresfrüchte-Eintopf

Bild auf Seite 2

Zutaten für 4 Portionen:

100 g Zwiebeln
100 g Karotten/Möhren
100 g Lauch/Porree
80 g Stangensellerie/Bleichsellerie
3 Eßl. feines Pflanzenöl
½ l Fischbrühe (Rezept Seite 9)
⅛ l trockener Weißwein
300 g Tintenfische (Sepia oder Kalmare)
300 g Lengfisch- oder anderes Fischfilet
4 geschälte Scampischwänze
250 g Miesmuscheln
250 g Venusmuscheln
1 Eßl. gehackte Petersilie
1 Eßl. kleingeschnittener Dill
½ Teel. Salz
etwas frisch gemahlener Pfeffer

Zubereitungszeit: 50–60 Minuten

Die Zwiebeln schälen und feinwürfeln. Die Karotten, den Lauch und den Sellerie putzen und kleinschneiden. Das Öl in einer großen Kasserolle erhitzen. Die Gemüse darin bei guter Hitze 3–4 Minuten hell anschwitzen. Dann mit der Brühe und dem Wein aufgießen und köcheln lassen.
Die Tintenfische sorgfältig säubern (siehe Seite 86) und zerteilen, das heißt, die Fangarme und den Körper in Stücke schneiden. Die Stücke in dem Sud 2–3 Minuten kochen. Das Fischfilet kurz abwaschen, in Würfel schneiden und mit den Scampischwänzen zufügen. Alles am Rand der Kochstelle weitere 4–5 Minuten mehr ziehen als kochen lassen. Die Muscheln wie im nebenstehenden Rezept vorbereiten und kochen, bis sie sich geöffnet haben. Herausnehmen und zum Eintopf geben. Mit der Petersilie und dem Dill bestreuen, mit dem Salz und Pfeffer würzen und den Eintopf weitere 5–6 Minuten köcheln lassen. Sofort servieren.

Marinierte Sardinen

Gebratene Fische einzulegen, ist eine altbewährte Methode – man denke nur an die beliebten »Bratheringe«. Viele See- und Süßwasserfische, aber auch Schal- und Krustentiere eignen sich dafür.

Zutaten für 4 Portionen:
750 g frische Sardinen
Mehl
⅛ l feines Olivenöl · Salz
etwas frisch gemahlener Pfeffer
Für die Marinade:
50 g Zwiebel
1 Knoblauchzehe
1–2 kleine, frische Peperoni
⅛ l Wasser
⅛ l trockener Weißwein
2 Teel. Aceto balsamico
(feiner italienischer Würzessig)
2 Lorbeerblätter
½ Teel. schwarze Pfefferkörner
1 Teel. gehackter Thymian

Zubereitungszeit: 50–60 Minuten
Marinierzeit: 24 Stunden

Die Sardinen (sie werden meist nur ungeputzt angeboten) an der Bauchseite aufschneiden und ausnehmen. Unter fließendem Wasser säubern und dann so weit aufschneiden, bis man das Rückgrat mit den Gräten herausziehen kann (siehe Seite 58). Die Köpfe und Flossen abschneiden (den Schwanz daran lassen). Die Fische flach ausbreiten und von beiden Seiten in Mehl wälzen. In einer Pfanne das Öl erhitzen und die Sardinen darin von beiden Seiten jeweils 2–3 Minuten bei guter Hitze braten. Herausnehmen und auf einem Gitter abtropfen lassen. Auf beiden Seiten salzen und pfeffern und in eine große Form legen.
Die Zwiebel schälen und hacken. Den Knoblauch schälen und zerdrücken. Die Peperoni sorgfältig entkernen und in Ringe schneiden. 1 Eßlöffel vom Bratöl in einer großen Kasserolle erhitzen. Die Zwiebel und den Knoblauch darin nur ganz hell anschwitzen. Das Wasser, den Wein und den Aceto balsamico, die Lorbeerblätter, die Peperonistreifen, die Pfefferkörner und den Thymian zufügen. Bei milder Hitze 2–3 Minuten köcheln lassen. Die Mischung über die Sardinen gießen. Zugedeckt mindestens 24 Stunden an einem kühlen Platz marinieren lassen.
Die Sardinen eignen sich vortrefflich als sommerliches Abendessen oder auch als Vorspeise.

Doraden in Fenchelmarinade

Ohne Abbildung

Zutaten für 4 Portionen:
8 ausgenommene kleine Doraden
von je 80–100 g oder
andere kleine Seefische
Mehl
4 Eßl. feines Pflanzenöl
etwas Salz und
frisch gemahlener Pfeffer
Für die Marinade:
¼ l trockener Weißwein
⅛ l Wasser
2 Eßl. Weinessig
1 große Zwiebel · 1 Zitrone
150 g Fenchelknolle
150 g Tomaten · Salz
frisch gemahlener Pfeffer

Zubereitungszeit: etwa 1 Stunde
Marinierzeit: mindestens 24 Stunden

Die ausgenommenen Doraden waschen. Die Köpfe und Flossen abschneiden. Die Fische an der Bauchseite so weit aufschneiden, daß man das Rückgrat mit den Gräten herausziehen kann. Die Fische in Mehl wenden und im heißen Öl von beiden Seiten 2–3 Minuten braten. Salzen, pfeffern, auf Küchenkrepp abtropfen lassen und dann in eine große Form legen.
Den Wein mit dem Wasser und dem Essig einmal aufkochen. Die Zwiebel und die Zitrone schälen, den Fenchel putzen, alles in hauchdünne Scheiben schneiden und in den Weinsud geben. 3–4 Minuten kochen lassen. Die Tomaten brühen, häuten, von den Kernen befreien, würfeln und zur Marinade geben. Mit Salz und Pfeffer würzen und noch 2–3 Minuten leise köcheln lassen.
Die Marinade über die Fische gießen. Mindestens 24 Stunden an einem kühlen Platz marinieren lassen.

Makrele in Weinmarinade

Zutaten für 4 Portionen:
4 ausgenommene Makrelen von je etwa 300 g
Für die Marinade:
2 mittelgroße Zwiebeln
100 g Karotten/Möhren
¾ l trockener Weißwein
⅛ l guter Weinessig
½ Teel. Salz
2 Nelken
3 Lorbeerblätter
2 frische Thymianzweige
2 Muskatblüten
einige Estragonblättchen
1 Teel. schwarze Pfefferkörner
1 Zitrone (Schale unbehandelt)

Zubereitungszeit: 40–50 Minuten
Marinierzeit: über Nacht

Die ausgenommenen Makrelen sehr sorgfältig unter fließendem Wasser waschen und trockentupfen. Die Flossen abschneiden (Schwanz und Kopf können daran bleiben).
Für die Marinade die Zwiebeln schälen und in dünne Scheiben schneiden. Die Karotten putzen und mit dem Buntmesser in Scheiben schneiden. Den Wein mit dem Essig in einer großen Kasserolle zum Kochen bringen. Die Zwiebel- und Karottenscheiben hineingeben und 2–3 Minuten kochen lassen. Dann salzen und die Gewürze (Nelken, Lorbeerblätter, Thymianzweige, Muskatblüten, Estragonblätter und Pfefferkörner) unzerkleinert hineingeben. Alles weitere 2–3 Minuten köcheln lassen. Die Zitrone unter heißem Wasser kräftig abbürsten, in dünne Scheiben schneiden und in die Marinade geben.
Die Makrelen in eine große feuerfeste Form legen, auf den Herd stellen und sofort mit der heißen Marinade übergießen. Die Fische bei ganz schwacher Hitze zugedeckt 10–12 Minuten mehr ziehen als kochen lassen. Vom Herd nehmen und im Sud abkühlen lassen.
Am besten schmecken die Makrelen, wenn man sie noch über Nacht im Kühlschrank durchziehen läßt und dann mit Pellkartoffeln oder frischem Brot und Butter serviert.

Hering in Kräutermarinade

Ohne Abbildung

Zutaten für 4 Portionen:
4 Salzheringe von je etwa 250 g
1 große Zwiebel
½ Teel. schwarze Pfefferkörner
2 Lorbeerblätter
1 Teel. Senfkörner
⅛ l Wasser
⅜ l guter Weinessig
250 g Crème fraîche
1 frische Peperoni
200 g Gewürzgurke
1 rote Paprikaschote
4 Eßl. gehackte Kräuter (Petersilie, Schnittlauch, Melisse, Liebstöckel, Estragon)

Zeit zum Wässern: 12 Stunden
Zubereitungszeit: 50–60 Minuten
Marinierzeit: 2–3 Tage

Salzheringe sollten vor der Verwendung etwa ½ Tag gewässert werden. Dann die Fische ausnehmen, gründlich waschen, Köpfe, Schwänze, Flossen und Gräten entfernen. Die Heringe in Stücke schneiden.
Die Zwiebel schälen, in hauchdünne Scheiben schneiden und mit den Pfefferkörnern, den Lorbeerblättern sowie den Senfkörnern in der Wasser-Wein-Mischung aufkochen. Die Hitze reduzieren und die Flüssigkeit noch 5–6 Minuten weiterköcheln lassen. Dann abkühlen lassen.
Die Crème fraîche unter den Sud rühren. Die Peperoni längs teilen, von den Kernen befreien und in kleine Würfel schneiden. Die Gewürzgurke gut abtropfen lassen und in Scheiben schneiden. Die Paprikaschote halbieren, entkernen und in hauchdünne Streifen schneiden. Alle Gemüse und die Kräuter mit dem Sahnesud mischen.
Die Heringsstücke in die Marinade rühren und zugedeckt kühl stellen. Sie sollten mindestens 2–3 Tage »reifen« dürfen.
Dazu passen mit Kümmel gekochte Kartoffeln oder auch kräftiges Vollkornbrot mit Butter.

SAUVIGNON

Rezept- und Sachregister

Aal 70
– »Brabant«, grüner 80
– in Weinblättern 72

Babysteinbutt 10
Bachforelle 16, 28
Barsch 40
Bratfolie 76
Bretonische Doraden 48
Burgunderkarpfen aus dem Ofen 44

Dorade 24
–, gebratene 40
Doraden, bretonische 48
– in Fenchelmarinade 90

Edelfische in Sahnesauce 24

Felchen 40
– in Mandelbutter, gebratene 28
Fenchelmakrele 44
Fischfilet, Florentiner 50
– mit Currysauce 38
Fischfond 9
Fischsuppe mit Gemüse, klare 10
–, Mittelmeer- 14
Florentiner Fischfilet 50
Flunder 32, 40
Flußfische im Gemüsebett 46
– provençale, gefüllte 46
Forelle 20, 40, 64
–, geräuchert 84
Forellen mit Artischocken und Gorgonzola 84
Forellenklößchen auf Blattspinat 19
Forellen-Kräuter-Terrine 62
Fritierte Kalmare 86

Garnelen 26, 56, 60, 62, 86
Gebackene Dorade 40
Gebratene Felchen in Mandelbutter 28
Gebratener Lachs mit Kräutern 34
Gedämpfte Schollenfilets in Gelee 26
Gefüllte Rotbarbe mit Garnelen 56
– Sardinen 58
– Schleie provençale 46
Gefüllter Hecht 20
Gegrillte Makrele 72
– Sardinen 70
Goldbarschfilet 36, 38, 50
– mit Zitronen und Kapern 30
Goldbrasse 40
Gratinierte Jakobsmuscheln 68
Grüner Aal »Brabant« 80

Hecht, gefüllter 20
Hechtklößchen 19
Heilbutt 10, 24, 30
– auf Dillgurken 64
–, geräuchert 12, 84
– in Pilzrisotto 78
– mit Safranrisotto 78
Hering 70
– in Kräutermarinade 92
Herzmuscheln 14

Jakobsmuscheln, gratinierte 68

Kabeljau 30, 36, 50, 88
–, in Teig ausgebacken 86
Kabeljaufilet mit Spargel und Sauerampfersauce 38
Kalmar 14, 88
Kalmare, fritierte 86
Karpfen 44
– nach Elsässer Art 42
Kartoffel-Muschel-Suppe 12
Klare Fischsuppe mit Gemüse 10
Knurrhahn 60

Lachs 70
– mit Kräutern, gebratener 34
Lachsforelle blau 16
Lachskotelett mit Champignons 28
Lengfisch 38, 88
Lengfischrouladen mit Garnelenfüllung 36
Loup de Mer 53

Makrele 44, 70, 88
–, gegrillte 72
– in Weinmarinade 92
Maräne 28
Marinierte Sardinen 90
Meeräsche 10
– mit Lauch und Garnelen 60
Meerbarbe, rote 48
Meeresfrüchte-Eintopf 88
Miesmuscheln 12, 14, 26, 48, 88
Mittelmeerfische 14
Mittelmeer-Fischsuppe 14
Muscheln 86
Muschel-Suppe, Kartoffel- 12

Räucherfisch-Graupen-Suppe 12
Räucherfischpfanne 84
Regenbogenforelle 16
Renke 28
Riesengarnelen 24
Rotbarbe 40
– mit Artischocken 56
– mit Garnelen, gefüllte 56
Rougets mit Miesmuscheln 48

Saibling 28, 64
Salzhering 92
Sarde a Beccafico 58
Sardinen, gefüllte 58
–, gegrillte 70
–, marinierte 90
Scampi 34, 88
Schellfisch 30, 38
– in der Bratfolie 76
Schillerlocken 12, 84
Scholle 32, 40
– in Rotwein 82
– nach Finkenwerder Art 34
Schollenfilets in Gelee, gedämpfte 26
Schwertfisch 70
– nach sizilianischer Art 30
Seelachsrouladen mit Porree 36
Seemanns-Eintopf 88
Seewolf 24
– aus dem Backofen 60
– mit Garnelenfüllung 53
Seezunge 24, 68
– nach Müllerin-Art 32
Seezungenfilets mit Sherry 23
Sepia 14, 88
Steinbutt mit Crème fraîche 24
– mit jungem Gemüse 66

Thunfisch 30, 70
– mit Zitronensauce 74
Thunfischspieße 74
Tiefseegarnelen 10, 53, 60
Tintenfisch 14, 86, 88
Tomatenfisch 50

Venusmuscheln 14, 88

Zander im Teigmantel 52
Zanderfilet auf Zucchinigemüse 64

Farbfotos auf dem Einband:
Vorderseite: Seewolf aus dem Backofen (Rezept Seite 60).
Rückseite: oben, von links nach rechts: Florentiner Fischfilet (Rezept Seite 50), Gedämpfte Schollenfilets in Gelee (Rezept Seite 26), Gefüllte Rotbarbe mit Garnelen (Rezept Seite 56).
Unten, von links nach rechts: Heilbutt mit Safranrisotto und Heilbutt in Pilzrisotto (Rezepte Seite 78), Seelachsrouladen mit Porree (Rezept Seite 36), Forellen-Kräuter-Terrine (Rezept Seite 62).

Farbfotos: Christian Teubner
Redaktion: Antje Schunka
Einbandgestaltung: Heinz Kraxenberger

gedruckt auf Biberist Furioso („Luxomatt")
bezogen über Schneidersöhne Papier

Printed in Germany

ISBN-3-7742-3910-X

Auflage 4. 3. 2.
Jahr 01 00 99 98

Christian Teubner
ist seit vielen Jahren vielbeschäftigter gastronomischer Fotograf. In seinem Studio für Lebensmittelfotografie entstehen Meisterwerke kulinarischer Aufnahmen, und aus seiner Probeküche kommen verlockende Kreationen von neuen Rezepten. Christian Teubners Arbeiten sind in ganz Europa ein Begriff, denn wo es um Küche und Keller geht – ob Buch, Plakat, Film oder Zeitschrift – erkennt man seine »Handschrift«.